**nie mehr
abhängig sein**

W0073527

Cheryl Hetherington

nie mehr abhängig sein

Erkennen und verändern:
Beziehungsmuster, in denen man
sich selbst verliert

WINDPFERD
Verlagsgesellschaft mbH.

Titel der Originalausgabe *Bringing Your Self to Life*
Erschienen bei *Rudi Publishing, Iowa City, Iowa*
Aus dem Amerikanischen von Matthias Dehne
© 1989 by Cheryl Hetherington

1. Auflage 1993
© Windpferd Verlagsgesellschaft mbH, Aitrang
Alle Rechte vorbehalten
Umschlaggestaltung: Wolfgang Jünemann, unter
Verwendung einer Illustration von Klaus Holitzka
Gesamtherstellung: Schneelöwe, D-87648 Aitrang
ISBN 3-89385-120-8

Printed in Germany

Vollkommenheit gibt es nicht,
nur Fortschritt.

CHERYL HETHERINGTON

Inhaltsverzeichnis

Vorwort

Die Geschichten und Fallstudien stellen in geraffter Form KlientInnen und Paare dar, die ich seit vielen Jahren kenne oder therapeutisch ein Stück begleitet habe. Einzelheiten und typische Merkmale wie Namen, Beruf oder Wohnort wurden zur Wahrung der Anonymität natürlich geändert. Vielleicht werden Sie sich in der einen oder anderen Geschichte wiedererkennen, vielleicht erinnert Sie manches aber auch an einen Bekannten oder eine Bekannte, weil co-abhängige Menschen eben sehr viele gemeinsame Verhaltensweisen und Persönlichkeitsstrukturen aufweisen.

Es gibt zahllose Formen seelischer Fehlfunktion, und die Fallgeschichten im Buch veranschaulichen bei weitem nicht alle ihre möglichen Spielarten und natürlich auch nicht alle Symptome, die sich vielleicht zeigen können. Ich teile mit Ihnen auf diesen Seiten vor allem Begebenheiten und Fälle, die eine Reihe von gemeinsamen Grundmustern aufzeigen. Diese werden in der funktionsgestörten Familie und in unserer Gesellschaft erlernt, die uns ständig dazu auffordert, unser Dasein in anderen Dingen und Menschen zu begründen. Ich habe mich ganz bewußt für diese Form der Darstellung entschieden, damit Sie unmittelbar erspüren können, welche besonderen Verhaltensweisen in Ihrem eigenen Leben unnötiges Leid erzeugen.

Das Buch ist für Sie. Es ist nicht für einen anderen Menschen aus Ihrem Lebenskreis bestimmt, der unter einem Suchtproblem leidet. Es spricht nicht Ihren Mann oder Ihre Frau an, nicht den Freund oder die Freundin und auch nicht den Chef, einen Mitarbeiter oder den Bruder oder die Schwester. Es möchte ganz persönlich Ihnen helfen, sich aus jenen co-abhängigen Verhaltenweisen zu befreien, die Sie mit suchtkranken Menschen verstrickt halten (wobei wir »Suchtkrankheit« hier im weitesten Sinn des Wortes verstehen). Kurz: Das Buch möchte Sie zu Ihrem Selbst hinführen, so daß Sie die Muster erkennen können, die Sie immer wieder darauf festlegen, ausschließlich reaktiv auf andere Menschen oder äußere Einflüsse hin zu handeln, anstatt Ihren eigenen Bedürfnissen und Wünschen zu folgen.

Auch wenn der Text Ihnen neue Einsichten schenkt und den Prozeß der seelischen Gesundung einleiten mag, werden Sie wahrscheinlich nicht auf sich allein gestellt ein gesundes, robustes Selbst entwickeln können. In vielen Fällen ist professionelle Hilfe einfach notwendig. Verstehen Sie die Aussagen des Buches also einfach als Teil eines umfassenden Programms zu Ihrer seelischen Befreiung.

Was ist Co-Abhängigkeit?

Fühlen Sie sich am wohlsten, wenn der/die andere Sie braucht?
Ertappen Sie sich manchmal dabei, daß Sie einen Satz zu
Ende sprechen, den ein anderer angefangen hat?
Haben Sie das Gefühl, daß Ihre Freundinnen und Freunde
Sie zwar mögen, aber keineswegs wirklich kennen?
Sind Sie schon einmal in einer für Sie unerfüllten Beziehung
geblieben, weil Sie meinten, Ihr Partner oder Ihre Partnerin
käme ohne Sie nicht zurecht?
Glauben Sie, daß Sie alles selber machen müssen, wenn es
denn richtig gemacht werden soll?

Sollten Sie eine dieser Fragen mit »Ja« beantwortet haben, sind
Sie bereits bis zu einem gewissen Grad co-abhängig. Das Buch wird
Ihnen sagen, was Co-Abhängigkeit ist und woran man co-abhängige
Menschen erkennt. Es wird ferner die in unserer Gesellschaft und
Familie vorherrschenden (Überlebens-)Regeln beleuchten, die uns
Verhaltensmuster der Co-Abhängigkeit lehren. Das letzte Kapitel
schließlich bespricht, wie Sie diese Muster verändern und Wege
finden können, die Ihr Leben völlig transformieren werden, so daß
Sie nun Ihre eigenen Ziele und Bedürfnisse nicht nur wahrnehmen,
sondern sich bei ihrer Verwirklichung obendrein wohler fühlen.

Ich wurde mir der Muster meiner eigenen Co-Abhängigkeit vor
vielen Jahren bewußt. Mein damaliger Freund hatte mich verlassen
und war zu seiner früheren Flamme zurückgekehrt: das tat weh, und
ich mußte permanent an ihn denken. Obwohl ich es damals nicht
klar erkannte, war dies bereits mein dritter Liebespartner mit einem
Suchtproblem gewesen.

Ich jedoch verlor mich völlig in Gedanken über das Tun und
Lassen dieses Menschen. Was stimmte nicht bei ihm? Warum
konnte er nicht einsehen, wieviel ich für unsere Beziehung getan

hatte und was er mir bedeutete? Gewiß würde mein Ex irgendwann erkennen, daß er mit der Trennung einen Fehler gemacht hatte, und zu mir zurückkehren. Ich verrannte mich in meinen selbstgerechten Vorstellungen, und meine anderen Freundinnen und Freunde ließen mich das auch wissen: »Heh, wie wäre es, wenn du einmal an dich selbst und deine eigenen Wünsche denken würdest als dauernd an diesen Kerl.«

Ich hörte nicht hin. Trotzdem raffte ich mich dazu auf, sie zu den »anonymen Alkoholikern« zu begleiten. Allmählich begann ich einzusehen, daß ich zwar auf die Vorstellungen und Meinungen anderer Leute sehr viel mehr gab, als mir selbst gut tat, dagegen aber nur sehr wenig auf meine eigenen Empfindungen und Gefühle achtete. Indem ich die Handlungen und Gefühle eines anderen mein Selbstwertgefühl bestimmen ließ, hatte ich alle Fäden aus der Hand gegeben. Ich war co-abhängig, und zwar sehr.

Überentwickeltes Verantwortungsgefühl ist ein weiteres Merkmal der Co-Abhängigkeit, und für dieses wird der oder die Co-Abhängige nicht selten fürstlich belohnt. Ihr Boß hält Sie für eine tolle Frau oder einen tollen Kerl, weil Sie alle Aufträge bis aufs I-Tüpfelchen erledigen, sich besonders hart ins Zeug legen und sich über Ihre eigentliche Pflicht hinaus engagieren. Kurz: Sie sind das Inbild der Karrierefrau oder des Mustermannes. Warum daran also etwas ändern? Ist Verantwortung etwa nicht eine großartige Sache? Mehr ist doch besser, oder etwa nicht? Geht es nicht gerade darum: mehr für andere da zu sein als für sich selbst? Was sollte falsch sein an diesem heldenhaften Lebensstil? - Falsch sind die Unehrlichkeit und der Schmerz hinter der Fassade des »barmherzigen Samariters«.

Eines Winters fühlte ich mich besonders lausig und traurig. Ich hatte kaum Energie und auch kaum Interesse an meiner Arbeit. Als sich meine Depression löste, erzählte ich meinem Vorgesetzten, daß ich mich nun wohler fühlte und deswegen glaubte, mehr leisten und zu anderen netter sein zu können. Obwohl er im Grunde ein sensibler und für Stimmungen feinfühliger Mann ist, erwiderte er, daß er eigentlich gar keine Veränderung bemerkt hätte und daß ich so freundlich und zuvorkommend gewesen wäre wie gewöhnlich.

Über diese Äußerung mußte ich nachdenken und bemerkte schließlich die Kluft zwischen meiner Selbstwahrnehmung und meiner Selbstdarstellung am Arbeitsplatz. Dort gab ich mich nämlich auch dann noch fröhlich, wenn mir eigentlich zum Heulen zumute war. Ich machte einfach weiter, ohne mir die Zeit zu einer konsequenten und ehrlichen Arbeit an meiner Trauer zu nehmen. - Auch dies ist eines der vielen charakteristischen Verhaltensmuster der Co-Abhängigkeit.

Mir wurde klar, daß das Wort Co-Abhängigkeit ein ganzes Netz von Anschauungen, erlernten Verhaltensweisen und durch Gewöhnung verfestigten Gefühlen beschreibt, die das Leben leidvoll machen. Mag sein, daß der andere jemanden vor sich zu haben glaubt, der sein Leben »im Griff« und obendrein Erfolg hat, während der »wirkliche Mensch« sich innerlich verunsichert und wie eine »Null«, wie ein kompletter Versager fühlt, ja sich in gefährlicher Weise vernachlässigt oder gar selbst zerstört.

Co-Abhängigkeit ist eine kümmerliche und elende Form der Daseinsbewältigung, die die Menschen mehr als nötig von äußeren Faktoren abhängig macht. Ich lernte, daß ich so viel Zeit darauf verwandte, meine Arbeit und Beziehungen zu managen und zu kontrollieren, daß mir kaum eine Minute für mich selbst blieb.

Co-Abhängigkeit ist ein fortlaufender Prozeß mit vielen Abstufungen. In den frühen Stadien zeigt sie sich vor allem in Verletzlichkeit, Traurigkeit und Angst, und die oder der leicht Co-Abhängige erfindet vielerlei Entschuldigungen oder leugnet schlichtweg, daß irgend etwas nicht stimmt. Vielleicht hören Sie sich zu Ihrem Kind sagen: »Papi hat in der letzten Zeit so viel um die Ohren gehabt, und ich bin sicher, daß es ihm selbst leid tut, Dein Schulspiel zu versäumen.« Vielleicht packt Sie der Putzfimmel, so daß man in Ihrem Haus kein Stäubchen finden wird. Während Sie absolut sauber und adrett erscheinen, spüren Sie in sich womöglich eine tiefe Angst, Verwirrung oder Wut. Ihre Gedanken und Gefühle bleiben vielleicht ungeordnet, ein Knäuel unentwirrbarer Verwirrung. Zwischen Ihrem Fühlen und Verhalten klaffen Widersprüche. Vielleicht streiten Sie vor sich selbst alles ab und reden sich ein, daß das ja alles halb so wild sei. Sie erziehen sich dazu, nicht zu fühlen, was Sie nicht ertragen können.

In extremen Fällen mündet Co-Abhängigkeit in Scham, Depression und Leere. Man hat das Gefühl, daß es eigentlich nichts gibt, für das zu leben sich lohnen und auf das man sich freuen könnte. Man ist hilflos und hegt keine Hoffnungen mehr. Man hält krampfhaft an Beziehungen fest und wird so gut wie alles ertragen, um nur ja nicht verlassen zu werden. Zu den Symptomen schwerer Co-Abhängigkeit gehören Selbstmordversuche, Depressionen und chronische physische Leiden.

Co-Abhängigkeit verschlimmert sich kontinuierlich. Wenn Sie die Symptome nicht zum Anlaß nehmen, etwas dagegen zu tun, kann sie zunehmend schwerer und schließlich lebensgefährlich werden.

Merkmale der Co-Abhängigkeit

Es gibt viele klar unterscheidbare Persönlichkeitsmerkmale der Co-Abhängigkeit, ihnen allen jedoch ist eine extreme Verlagerung der Aufmerksamkeit nach außen, zum anderen hin gemeinsam. Das heißt: Die oder der Co-Abhängige beschäftigt sich mehr mit anderen Dingen und/oder anderen Menschen als mit ihren/seinen eigenen Gedanken und Gefühlen. Außerdem geben Co-Abhängige viel zu viel auf das Verhalten oder die äußere Erscheinung, zerbrechen sich den Kopf darüber, wie andere sich ernähren, was sie kaufen und wofür sie ihr Geld ausgeben.

Ich hatte einmal eine Nachbarin, die mich bei jeder Begegnung aufmerksam musterte. Sie ließ ihre Blicke mehrmals von Kopf bis Fuß an mir entlanggleiten, wobei sie gemächlich mit dem Kopfe nickte und überprüfte, was ich an dem besonderen Tag anhatte. Dann sagte sie gewöhnlich sinngemäß etwas wie: »Oh, ich sehe, Sie tragen auch den Rock aus dem Alba-Katalog.« Oder: »Ich wette, die Bluse haben Sie in der Altstadt in Karins Boutique gekauft.« Oder so ähnlich. Sie schaute darauf, was andere Frauen anhatten, und dachte scheinbar unablässig darüber nach. Ihr Interesse galt fast ausschließlich dem Erscheinungsbild und äußeren Auftreten, deswegen war sie so auf die Kleider fixiert. Auf ihr inneres Leben hingegen schien sie wenig zu achten.

Genau das aber ist eines der vielen Merkmale der Co-Abhängigkeit.

Den eigenen Weg verlieren

Wer co-abhängig ist, verliert leicht die eigenen Bedürfnisse, Ziele und Gefühle aus den Augen, wenn äußere Ereignisse, wie etwa eine neue Liebesbeziehung, absolute Priorität zu verlangen scheinen.

Pat arbeitete an einer Uni in der Verwaltung, wollte sich aber fortbilden und, wie seit langem geplant, auf einem Spezialgebiet noch einen zusätzlichen Abschluß machen. Bei den Recherchen über ihr weiteres Vorgehen verliebte sie sich in einen Mann aus einer anderen Stadt, etwa drei Autostunden entfernt. Pat traf sich immer regelmäßiger mit ihrem neuen Freund und wußte wohl nicht mehr so recht, welches Ziel sie verfolgen sollte, denn sie verpaßte den Zulassungstermin für die Fortbildungsprogramme, die sie selbst sorgfältig geprüft und für sich ausgesucht hatte. Stattdessen redete sie nun davon, in der Stadt ihres neuen Freundes ein paar Kurse zu besuchen, obwohl das College dort auf ihrem Spezialgebiet wenig zu bieten hatte.

Ihren Lebensunterhalt wollte sie sich mit einer Assistentinnenstelle in einer Fakultät verdienen, in der sie für eine leitende Position in der Verwaltung qualifiziert gewesen wäre. Sie warf alle ihre Pläne über den Haufen, war bereit, sich in einem Fortbildungsprogramm einzuschreiben, das sie nicht weiterbringen würde, und wollte obendrein eine Stelle annehmen, die ihre Karriere um gute zehn Jahre zurückwarf.

Derart viele Kompromisse für eine Beziehung, die nicht mehr als drei Monate alt war, brachten Pat vollkommen durcheinander: Sie konnte sich nicht mehr an ihre eigenen Pläne erinnern und diese erst recht nicht verwirklichen. Indem sie nur noch daran dachte, was sie tun mußte, um mit ihrem neuen Freund zusammenzusein, verlor sie ihren Weg, vergaß ihre eigenen Lebensziele.

Helfen und Probleme lösen

Co-Abhängige befriedigen ihre persönlichen Bedürfnisse, indem sie anderen »helfen« oder versuchen, für sie »alle Probleme zu lösen«, eben dem typischen »HelferInnen«-Syndrom aufsitzen - immer einen Rat auf den Lippen und ein fröhliches: »Das kriegen wir schon irgendwie hin«.

Man erkennt sie schnell, die Frau oder den Mann mit dieser zuweilen aufdringlichen »Ich-bring-das-in-Ordnung«-Mentalität. Schildern Sie ihr oder ihm einfach ein Problem, das Sie intensiv beschäftigt. Sie/er wird ein Weilchen zuhören und dann einwerfen: »Warum versuchst du nicht einmal...« Sie leiden sehen, schon allein die Vorstellung scheint diesem »guten Samariter« unerträglich. Er hält sich nur dann für wertvoll, wenn er eine Lösung anbieten kann, die alles gut macht. Lehnen Sie den Vorschlag dann ab oder sagen Sie ihm rundheraus, daß Sie keinen Rat haben wollen, zeigen Sie damit gleich, daß Ihnen an ihm »ja doch nichts liegt«.

SamariterInnen definieren sich über ihre Fähigkeit, anderen zu helfen und ihre Lebensprobleme für sie zu lösen. Wird das Hilfsangebot abgelehnt, fühlt man sich automatisch als Mensch nicht ernst genommen und zurückgewiesen. Die nicht angenommene Hilfe verwandelt sich in eine Kränkung. Der »Helfer« wird zum »Opfer« und denkt vielleicht: »Ich will doch nur helfen, aber zu mir ist jeder bloß grob und gemein.« Diese besondere Spielart co-abhängigen Verhaltens gehört häufig zum »Rettungs-Dreieck«, auf das ich später eingehen werde.

Für andere sorgen/gebraucht werden

So manche(r) kann nicht unterscheiden zwischen »sorgen« und »versorgen«, zwischen »sich verantwortlich zeigen« und »Verantwortung aus der Hand nehmen«. Man weiß nicht klar zu trennen zwischen Bemutterung und menschlicher Nähe. Es ist nicht schwer, Ihren Freundinnen und Freunden zu zeigen, wieviel Ihnen an ihrer

Freundschaft liegt. Hören Sie ihnen einfach zu und bestätigen Sie die Gefühle, die sie Ihnen schildern oder zeigen. - Und dann sagen Sie ganz offen, wie Sie sich fühlen, was Sie bewegt. So verhalten Sie sich verantwortungsvoll: indem Sie Ihre Gefühle in vernünftigem Rahmen offen zum Ausdruck bringen. Das ist menschliche Nähe.

Bemuttern ist anders. Bemuttern heißt, etwas für die/den andere(n) tun. Das kann wichtig und wertvoll sein. Jede(r) braucht das und läßt sich bei Gelegenheit auch gern bemuttern. Der oder die Co-Abhängige ist jedoch so versessen aufs Bemuttern, daß er/sie dabei womöglich gleich alle Verantwortung in die eigene Hand nimmt und damit die Eigenverantwortung des/der Bemutterten außer Kraft setzt.

Vielleicht wollen Sie ja nur helfen, sich um Ihre Freundin, Ihren Freund oder Mann kümmern und etwas tun, das sie oder er Ihrer Meinung nach gern so hätte. Wenn Ihre Kollegin sich zum Beispiel fürchtet, Ihrem gemeinsamen Chef zu sagen, daß sie im Büro etwas kaputt gemacht hat, übernehmen vielleicht Sie diese unangenehme Aufgabe, leugnen jedoch zu wissen, wie das wohl passiert sein könnte. Das heißt, Sie »versorgen« Ihre Kollegin, übernehmen eine Verantwortung, die diese eigentlich selbst tragen müßte. Sie sehen nicht, wo Ihre eigene Verantwortung endet und die Ihrer Kollegin beginnt.

Wer andere »versorgt«, weiß bald nicht mehr zwischen »gebraucht werden« und »geliebt werden« zu unterscheiden - auch das ein typisches Verhaltens-Beispiel für den/die co-abhängige(n) Erwachsene(n).

Joan dachte, nicht aus ihrer Beziehung aussteigen zu können, weil sich ihr Partner ohne sie »ja doch nicht zurechtfinden würde«. Sie setzte ihre absolute Kontrolle und Verantwortung über sein Wohlbefinden voraus. Sie wußte nicht, was Liebe eigentlich ist: sie wurde gebraucht und meinte deswegen, geliebt zu werden. Für sie stand fest: wenn sie ihren Partner im Stich läßt, fängt er wieder mit Drogen an und bringt sich schließlich mit einer Überdosis ins Grab. Wörtlich sagte sie: »Solange ich da bin, kann ich verhindern, daß er

Drogen nimmt. Ich muß die Sache einfach im Griff behalten.« Schließlich fühlte Joan, wie sehr sie sich zur Gefangenen der Situation gemacht und wie sehr sie sich selbst belogen hatte. Aus Schmerz darüber verließ sie die Beziehung trotz aller ihrer früheren Bedenken. Sie und ihr Ex-Freund überlebten es.

Viel später begriff Joan dann auch, daß ihr Besorgtsein um den Partner fast schon eine Lebensstrategie gewesen war: so hatte sie ihre eigenen Gefühle und Bedürfnisse vermeiden können. Als Kind war ihr beigebracht worden, daß Liebe gleichbedeutend mit »Hilfe für andere« ist und daß die eigenen Bedürfnisse zweitrangig sind. Als Erwachsene nahm sie dann ihre eigenen Gefühle (von denen viele sehr weh taten) gar nicht mehr wahr, denn immer fand sie Menschen, die nur allzu gern all die Sorge und Aufmerksamkeit in Anspruch nahmen, die sie von ihr bekommen konnten. Sobald sie sich jedoch ihren eigenen Bedürfnissen und Zielen zu widmen verstand, wollte sie nicht länger in dieser Art von Beziehung leben. Sie hatte eingesehen, daß »geliebt werden« und »gebraucht werden« nicht ein und dasselbe sind.

Vollkommen sein

Viele Co-Abhängige folgen dem Ideal des Perfektionismus. Sie wollen das perfekte Haus, den perfekten Job, den perfekten Geliebten, die perfekte Frau, das perfekte Kind oder welches andere Statussymbol auch immer beweisen kann, daß man es geschafft hat.

Sobald Sie jedoch darauf erpicht sind, Ihre Umwelt in einer Weise zu kontrollieren, daß diese sich zum Abbild Ihrer eigenen Vollkommenheit eignet, geben Sie zwangsläufig übermäßig viel auf die Meinung der Leute, mit anderen Worten: Sie versuchen, Eindruck zu machen. Wenn Sie andere beeindrucken oder ihnen zu Gefallen sein möchten, läßt sich das gar nicht vermeiden. Sie haben weder Zeit noch Raum, Ihre eigenen und wahren Gefühle zu spüren, wenn Sie zu sehr darauf achten, wie die Leute Sie sehen.

Wenn ich vor dem Besuch einer Freundin oder eines Bekannten nicht ans Aufräumen denke und nicht hastig auf dem Boden verstreute Zeitungen und Illustrierte einsammele, bedeutet das, daß ich zu dieser Freundin wirklich Vertrauen habe und ihr gestatte, mich so zu kennen, wie ich tatsächlich bin. Ich glaube nicht, daß sie an der Verfassung des Wohnzimmers Anstoß nehmen wird, und ich halte sie nicht auf Armeslänge von mir fern. Schließlich kommt sie ja, weil sie mich sehen möchte, und nicht, weil sie nachprüfen will, ob ich eine gute Hausfrau bin. Ich versuche nicht, ihr Bild von mir zu kontrollieren oder zu beeinflussen. Ich bin ich selbst, nicht irgend eine Pseudo-Existenz, die möglichst gut ausschauen will.

Die Sucht nach Perfektionismus bedeutet: sich selbst nicht spüren und fühlen wollen.

Sich isolieren

Co-Abhängige sind sozial isoliert; sie haben zwar zahlreiche Bekanntschaften, aber nur wenige enge Freundinnen und Freunde. Sollten Sie viele Leute kennen, die jedoch gar nicht so recht wissen, wer Sie eigentlich sind, ist das ein Hinweis auf Ihre Verschlossenheit: Sie zeigen und teilen Ihre tieferen Gefühle nicht. Sie wollen nicht zulassen, vor anderen verwundbar zu erscheinen. Das ist ein einsamer Ort, wenn Sie Ihre Freundinnen und Freunde nicht einfach anrufen und mit Ihnen darüber reden können, wie traurig, verletzt oder ängstlich Sie sich gerade fühlen.

Jake ist beliebt bei seinen vielen Bekanntschaften. Er sieht phantastisch aus, ist körperlich topfit und obendrein witzig und gesellig. Schon als Sechsjähriger lernte er, sich reif und erwachsen zu verhalten. Er zeigt den anderen nicht, wie er sich wirklich fühlt. Mit vielen seiner Hobbys übertreibt er mächtig: So sammelt er wie wild CDs und alte Schallplatten und hat mittlerweile eine Kollektion von über 2000 Stück. Er macht täglich Hanteltraining, um die Pfunde abzuschwitzen, die er sich durch seine reichlichen Mahlzeiten angefuttert hat.

Zweiunddreißig mußte er werden, bevor er die ersten zaghaften Erinnerungen an den sexuellen Mißbrauch durch seinen Vater an sich heranlassen konnte. Er ist ein einsamer, manchmal geradezu panisch verunsicherter und isolierter Mensch. Er selbst sagt, daß niemand ihn richtig kennt. Damit dies auch so bleibt, erfindet er alle möglichen Geschichten über sein Leben und lügt selbst aus dem geringsten Anlaß. Er hat schreckliche Angst, daß die in seinen Erinnerungen eingefrorenen Gefühle eines Tages hervorbrechen könnten. Dann, glaubt er, wird er in tausend Stücke fallen, und sein äußeres Erscheinungsbild als einer, »der weiß, wo's lang geht«, wird irreparablen Schaden nehmen. Da die Erinnerungen jedoch immer mehr an die Oberfläche drängen, isoliert sich Jake zunehmend von seiner Umwelt, so daß die anderen nicht sehen können, wie er zerbricht. Die Selbstisolierung wird immer schlimmer, je mehr er sich seiner beängstigenden Gefühle bewußt wird.

Das geht auch gar nicht anders: Je mehr Sie Ihre Gefühle und schmerzliche Erinnerungen zu verbergen trachten, desto mehr müssen Sie sich isolieren.

Die Fassade wahren

Co-Abhängige haben nur ein geringes Selbstwertgefühl, wahren in Gesellschaft jedoch eine aufgesetzt fröhliche Fassade. Da gibt es so ein typisch co-abhängiges Begrüßungsritual: Man begegnet einander und fragt: »Wie geht es Ihnen?« Sie antworten: »Wunderbar.«

Wahrscheinlich stülpen Sie dabei die Maske der Kontrolle über, um diese vielen und teilweise widersprüchlichen Gefühle zu bedecken, die jeder Mann und jede Frau nun einmal in sich haben. Sind Sie traurig, verletzt, verängstigt oder wütend, während Sie Ihre Fassade nach außen hin wahren, werden Sie sich infolgedessen vielleicht noch mehr isoliert und vom anderen abgeschnitten fühlen. Sie halten sich für unehrlich und schlecht.

Die Wahrung Ihrer offiziellen Fröhlichkeit kostet sehr viel Kraft, und es kann sein, daß Sie sich schon mittags so fühlen, als hätten Sie für den Rest des Tages keinen Sprit mehr im Tank. Wenn Sie unter der lustigen Fassade übermäßig selbstkritisch sind, wenn Sie Ihre eigenen Wahrnehmungen in Frage stellen und abfällig abtun oder Ihre Urteilskraft bezweifeln, dann haben Sie natürlich auch kein großes Selbstwertgefühl. Es fällt Ihnen schwer, auf sich selbst stolz zu sein und mit gutem Gefühl Komplimente oder Geschenke anzunehmen.

Wenn ich meiner Freundin Laura Blumen oder eine kleine Aufmerksamkeit mitbringe, sagt sie gewöhnlich: »Oh, das hättest du aber nicht tun müssen.« Sie bringt es nicht fertig, das Geschenk einfach dankbar anzunehmen, weil sie es nicht zu verdienen glaubt. Sie hat nur ein schwaches Selbstwertgefühl und weiß nicht, was sie sagen soll, wenn andere nett zu ihr sind. Obwohl allem Anschein nach freundlich und fröhlich, fühlt Laura sich unwert, von anderen Anerkennung oder Geschenke zu empfangen.

Alleinsein

Viele Co-Abhängige haben Angst vor dem Alleinsein, und gleichzeitig können sie nur unter Schwierigkeiten spontan sein, loslassen und einfach nur Spaß haben, und zwar ohne Drogen oder Alkohol.

Tim ist vierunddreißig und so gut wie zu allem bereit, wenn er damit vermeiden kann, mit sich allein zu sein. Er arbeitet häufig bis spät in den Abend hinein und nimmt dann gewöhnlich auf dem Heimweg noch einen Sechser-Pack Bier mit nach Hause. Nach dem Studium ist er in der kleinen Universitätsstadt hängengeblieben und geht auch jetzt noch häufig mit Studentinnen aus, die mehr als nur einige Jahre jünger sind als er.

Als ich ihn in einer Therapiestunde einmal fragte, was ihm an der Frau gefällt, mit der er gerade zusammen ist, sagte er, na ja, sie sei ja wenigstens Gesellschaft und außerdem habe sie nichts dagegen, mit ihm zu schlafen. Er mag sie nicht wirklich; eigentlich hält er sie für reichlich unreif und langweilig. Nur weil er sich vor dem Alleinsein fürchtet, geht er mit ihr in alle möglichen Studentenkneipen. Er führt sie auch weiterhin aus, weil sie die bedrohliche Leere in seinem Leben ausfüllt.

Mit sich alleingelassen könnte Tim ja seinen eigenen Gefühlen begegnen. Gesellschaft und Alkohol hingegen lenken ihn ab, nehmen ihm die Verantwortung für sich und sein Dasein. Er fiel immer tiefer in seine Depression und sagte: »Mein Leben fühlt sich so schrecklich sinnlos an.« Das ist auch wenig verwunderlich, wenn man bedenkt, daß er ausschließlich aus Angst vor dem Alleinsein seine Zeit mit seiner jetzigen Freundin und früher mit anderen Frauen verbrachte, die ihm im Grunde gleichgültig waren.

Sich bloß nicht zu nahe kommen

Die Angst vor Intimität ist sehr groß; Co-Abhängige wollen nicht, daß man ihnen zu nahe kommt. Alkohol, Drogen oder die verschiedensten Spielarten von Zwangsverhalten, sie alle tragen dazu bei, wirkliche Intimität zu vermeiden, so daß man einander selbst in einer engen Beziehung nicht in tieferem Sinne berühren muß.

Larry kam gegen Ende seiner zweiten Ehe zu mir in die Sprechstunde. In seinem Elternhaus hatte die Mutter versucht, die ganze Familie zu gängeln. Sie wollte über alles Bescheid wissen und genauestens darüber informiert sein, was ihr Mann und die Kinder taten und sagten. Jede Meinungsverschiedenheit betrachtete sie als einen Angriff auf ihre Person. Dann brach sie in Tränen aus oder schmollte oder beklagte sich darüber, daß niemand sie anerkenne und daß sie doch nur helfen wollte. Die meiste Zeit lebte sie eingesperrt in ihre Wut - oder klagte über die eine oder andere physische Krankheit.

Larry entwickelte sich zu einem deprimierten, mürrischen und in Drogen- und Alkohol-Geschichten verstrickten Teenager. Obwohl er viele Freunde und fast immer auch eine feste Freundin hatte, fühlte er sich doch keinem Menschen nahe. Seine ältere Schwester war die Heldin der Familie. Sie bekam in der Schule stets die guten

Noten, arbeitete hart, tat, was man von ihr wollte, und schien grundsätzlich alles unter Kontrolle zu haben. Es fiel Larry schwer, in ihre Fußstapfen zu treten.

Larry heiratete Jane, seine erste Frau, die kräftig Marihuana rauchte, keine Arbeit und keine nennenswerte Schulbildung hatte, aber einiges davon verstand, einfach nur Spaß zu haben und zu lachen. Sie schenkte Larry dieses Lachen und seinem Leben ein bißchen spielerische Leichtigkeit. Gleichzeitig war sie besitzergreifend und eifersüchtig. Larry bekam seinen Spaß mit Jane, aber sie sprachen miteinander nicht über ihre Gefühle; es fehlte wirkliche Intimität, inniges Vertrautsein. Zwar fühlte sich Larry verpflichtet, für Jane zu sorgen, vor allem nach einer Abtreibung, aber gleichzeitig fühlte er sich bei ihr nicht absolut sicher. Sie rauchten regelmäßig gemeinsam ihre Joints, aber wenn sie nicht high waren, verbrachten sie nur wenig Zeit miteinander.

Nach ein paar Jahren ließen Jane und Larry sich scheiden, obwohl Jane ihm weiterhin nachlief und mit Gewaltakten drohte. Larry hatte Angst. Er wollte sie endgültig vom Halse haben, so schnell wie möglich. Er trank immer mehr, unternahm einige Selbstmordversuche. Ein paar Jahre litt er schrecklich unter Einsamkeit und Depressionen. Seine Familie bemühte sich halbherzig, ihn in einer Alkohol- und Drogenklinik unterzubringen, er selbst jedoch wollte eigentlich keine Hilfe annehmen.

An einem Tiefpunkt lernte er über einen gemeinsamen Bekannten Peg kennen. Etwa um dieselbe Zeit fand er zum Christentum und zog einen Schlußstrich unter den Alkohol und die Drogen, obwohl er weiterhin die ihm verschriebenen Medikamente gegen seine unfallbedingten, chronischen Rückenschmerzen einnahm. Peg und Larry genossen ihr Zusammensein, und ihm gefiel vor allem die sexuelle Seite ihrer Beziehung. Es brauchte einige Ehejahre, bis er schließlich auch Peg als die kontrollierende Frau erkannte, die sie war, ständig hin- und hergerissen zwischen Hilflosigkeit und der Sucht nach mehr - raffiniertere Mahlzeiten, ein größeres Haus, ein neues Auto. Larry war zum zweiten Mal mit einer Frau vereint, bei der er jede tiefere Intimität vermeiden konnte.

Larry war inzwischen sehr penibel geworden. Nichts haßte er mehr als jede Unordnung in seiner unmittelbaren Umgebung. Also hielt er sein Haus peinlich sauber. Peg hingegen neigte eher zur Schlamperei. Er arbeitete länger und härter, um das Geld zu verdienen, mit dem er die Sachen kaufen konnte, die Peg unbedingt haben wollte. Larry war sich ein Fremder geworden, von seinem Selbst so gut wie völlig abgeschnitten. Er nahm immer noch starke Schmerzmittel gegen seine Rückenbeschwerden, die ihn zuweilen sogar an der Arbeit hinderten, so schlimm konnten sie werden. Während seiner zehnjährigen Ehe mit Peg steckte er fast permanent in einer tiefen Existenzkrise. Er hatte sich seiner eigenen Familie entfremdet, war unterschwellig voller Wut und chronisch depressiv, tablettensüchtig und total in sein Beziehungsdrama mit Peg verstrickt.

Als Peg ihn um die Scheidung bat, reagierte er deswegen zuerst äußerst ablehnend, denn er hatte panische Angst vor dem Alleinsein. Ein paar Monate später jedoch änderte sich seine ganze Lebenseinstellung. Er suchte nach einer anderen, sanfteren Behandlungsmethode für sein Rückenleiden, hörte auf, Tabletten zu schlucken, zog aus dem gemeinsamen Haus aus und redete wieder mit seiner Familie und seinen Freunden.

Ihm war klar geworden, daß er wie ein Geisterfahrer dem frühen Tod entgegenraste und deswegen unbedingt zu sich selbst finden mußte; er wollte sein Leben neu ordnen.

Das glückte ihm nur schrittweise. Seine fortwährende Suche nach Stimulierung bei gleichzeitiger Vermeidung wahrer Intimität, ließen ihn zu Beginn vollkommen in seiner neuen Diät und seinem Fitness-Programm aufgehen. Als dieser neue Lebensstil ihn von Schmerzen und Tablettensucht kuriert hatte, sagte er, nun an seinem Hang zum Perfektionismus arbeiten zu müssen. - Sein fanatischer Ordnungssinn, sein unstillbares Verlangen nach dem »Traumhaus«, dem »Traumauto« und so weiter waren ja tatsächlich ein Hindernis - Larrys Strategie zur Vermeidung echter Intimität.

Angst vor dem Verlassenwerden und vor unvorhersehbaren Veränderungen

Co-Abhängigen graut es vor dem Verlassenwerden und unvorhersehbaren Veränderungen.

Als Ed seine neue Lebenspartnerin kennenlernte, bemühte er sich sogleich darum, von ihren Freundinnen und Bekannten akzeptiert und in ihre Gruppe aufgenommen zu werden. Obwohl er von sich aus nicht Marihuana rauchen würde, gesellte er sich doch häufig zu ihr und ihren Bekannten, während der Joint herumging, und man klönte und lachte. Ed paßte sich ihrem Verhalten an, weil er befürchtete, daß seine neue Liebe und ihre Freunde ihn andernfalls nicht mögen würden. Auf diese Weise hatte er sich in seiner Kindheit gegen die Angst vor dem Verlassenwerden geschützt. Er paßte sich an, weil er nicht verlassen werden wollte.

Ed war das älteste Kind, in seiner Familie für Harmonie und Frieden zuständig. Stets wusch er das Geschirr ab, wenn seine Schwester dazu keine Lust hatte, nur damit die Mutter nicht wieder einen ihrer Wutausbrüche bekäme. Er schuf den Freiraum, in dem die Bedürfnisse der anderen Familienmitglieder sich entfalten konnten, weil er von der für die Bemühungen der Familie mehr oder weniger unzugänglichen Mutter nicht ausgescholten werden wollte. Inzwischen ein erwachsener Mann, glaubt Ed immer noch, daß er mit der Gruppe Marihuana rauchen und ihr wie früher der Familie entgegenkommen müßte, um witzig, interessant und vor allem akzeptabel zu erscheinen.

Es ist nur natürlich, wenn Sie am Anfang einer Beziehung auf die Bekannten und den Lebensstil der neuen Liebe eingehen. Sollte dieses Muster sich jedoch ungebrochen fortsetzen, werden Sie vielleicht immer weniger auf Ihre eigenen Bedürfnisse und Interessen achtgeben. Ed zum Beispiel macht auch jetzt noch, was die

Partnerin will oder sagt, während er selbst nur wenige seiner eigenen Wünsche und Vorstellungen mit ihr teilt. Obwohl er behauptet, eigene Interessen zu haben, ist er lieber mit ihr zusammen und unternimmt mit ihr, was sie gern tut.

Sobald Sie Dinge, Hobbys und Beschäftigungen aufgeben, an denen zwar Sie selbst, nicht jedoch Ihr(e) Partner(in) Freude haben, werden Sie mit der Zeit wahrscheinlich verbittert. Darüber hinaus verlieren Sie das ungebrochene Gefühl für die eigene Identität und können sich nicht länger als vom Partner oder von der Partnerin separates, eigenständiges Individuum mit wichtigen eigenen Bedürfnissen und Interessen sehen.

Ed hat sich wegen seiner kindheitsbedingten, unterschwelligen Angst vor dem Verlassenwerden niemals klar definieren können. Er kennt nicht seine eigenen Bedürfnisse und Interessen, und wenn er sie kennt, schenkt er ihnen doch nur wenig Beachtung. Für das Wohl der Beziehung gibt er sich selbst auf, wie ein Kind, das man irgendwo aussetzt. Er verschwindet einfach von der Bildfläche, ganz gleich, ob im Kreise der Familie, in der Gesellschaft von Freunden oder neben einer anderen für ihn wichtigen Bezugsperson.

Genug Liebe geben/lieb genug sein

Zum Muster der Co-Abhängigkeit gehört der Zweifel an der eigenen Liebesfähigkeit und Liebenswürdigkeit.

Kathy suchte und fand grundsätzlich nur dominierende und kontrollsüchtige Männer; in der Beziehung machte sie dann alles mit, was diese Herren sich so vorstellten. Sie dachte, ihnen damit zu zeigen, daß sie sie wirklich lieb hatte. Fragte man sie, in welches Restaurant sie am Abend gern gehen wollte, antwortete sie sinngemäß immer: »Ist mir egal. Mir gefällt's überall.« Sie nahm sich wohl selbst gar nicht so recht wahr.

Nach ein paar Wochen wurde sie auf den Mann schließlich wütend. Sie meinte, daß ihm nichts an ihr lag, weil alles immer nur nach seinen Vorstellungen ablief, und er mit dieser Lage der Dinge offensichtlich sehr zufrieden war. Sie fühlte sich einsam und leer und merkte, daß sie ihn außerdem nicht einmal wirklich liebte.

Daraufhin wurde sie depressiv und zog sich in ihr inneres Schneckenhaus zurück. Mußte man aus der ganzen verfahrenen Kiste nicht folgern, daß sie nicht wußte, wie sie genug lieben sollte? War das Scheitern der Beziehung nicht allein ihre Schuld? Nachdem ein paar Mal immer wieder dasselbe passierte, kam Kathy zu dem Schluß, daß sie sich auf Männergeschichten gar nicht erst einlassen sollte. Einige Jahre ging sie allen Liebesbeziehungen konsequent aus dem Weg.

Konfliktangst

Co-Abhängige sind nicht konfliktfähig; sie scheuen Auseinandersetzungen um fast jeden Preis. Im nachhinein sind sie darüber wütend und verbittert.

Sandy war sechsunddreißig und seit zwanzig Jahren mit James verheiratet. Sie war auf einer Ranch im tiefen Südwesten der Vereinigten Staaten aufgewachsen und liebte Hunde. Trotzdem lebte sie mit James in der Stadt. Sie übernahm Gelegenheitsjobs, weil sie sich die meiste Zeit der Erziehung ihrer drei Kinder widmete. Ihren zahlreichen Bekannten zeigte sie immer nur die aufgesetzt fröhliche Fassade. Sie hatte keine engen Freundinnen und keinen Vertrauten, fühlte sich im Grunde mehr als elend, aber glaubte fest an ihre Dankespflicht, weil ihr Mann ihr ein teures Haus und viele schöne Dinge bieten konnte.

Das war eben James Art, ihr seine Liebe zu gestehen. Er war ein introvertierter und stiller Mann, konnte nur schwer über seine Gefühle reden und ging davon aus, daß seine Gegenwart genügte, ihr zu zeigen, wie gern er sie hatte. Sandy scheute Auseinandersetzungen, aber sie sehnte sich aufs Land und auf eine Ranch zurück, wo sie Hunde züchten und abrichten konnte.

Irgendwann brannte sie für ein paar Monate mit einem anderen Mann durch und hatte eine Affäre mit ihm, nur weil er eine

Hundezucht besaß und sie die Tiere mit ihm auf Ausstellungen vorbereiten und abrichten konnte. Als die Affäre in die Brüche ging, nahm ihr Mann sie mit offenen Armen wieder im gemeinsamen Haus auf. Er verehrte sie sehr und freute sich ehrlich, daß er sie zurückbekam.

Um zu zeigen, wie ungeheuer glücklich er war, machte er genug Kapital für eine Ranch flüssig, auf der Sandy ihre eigene Hundezucht einrichten konnte, obwohl er gleichzeitig Angst davor hatte, daß seine Frau sich dann nicht mehr um den Haushalt kümmern und keine Zeit mehr für ihn und die Kinder haben würde. Genau das geschah dann auch. Damit es nicht zum Krach kam, schob sie das Geschäft vor. Jeder Aufbau braucht eben viel Zeit, oder etwa nicht?

Sandy liebte ihre neue Arbeit. Ihre ganze Energie floß nun in die Hundezucht und in die Zusammenarbeit mit ihren Angestellten. Sie verbrachte nur noch wenig Zeit mit ihrem Mann, brachte es jedoch nicht über sich, ihm ihre Wut und ihre in der Vergangenheit verletzten Gefühle zu offenbaren. Sie war eine gesellige und lebhafte Person, stets darum bemüht, jeden Konflikt zu vermeiden, so gut es eben ging. Anstatt die Konflikte auszutragen, ging Sandy ihrem Mann nach Möglichkeit aus dem Weg. Sie wußte, daß diese Konflikte sich nicht vermeiden ließen, wenn sie ehrlich wäre.

Das Leben ernst nehmen

Co-Abhängige nehmen sich und das Leben bitter ernst und sind stets darum bemüht, noch mehr aus sich zu machen: Sie wollen besser lieben, am Arbeitsplatz mehr bringen, besser Tennis spielen und so weiter.

Einmal arbeitete ich mit einer überaus ernsten Frau, die selten lächelte (von Lachen ganz zu schweigen) und lange Arbeitszeiten in Kauf nahm, um in ihrem Beruf noch mehr Praxis und Erfahrung zu sammeln. Sie wollte alles für einen tun und fragte auch immer in ernstem und besorgtem Ton, ob nicht vielleicht doch noch etwas fehlte, ob sie nicht sonst irgendwie gefällig sein könnte. Als ich vorschlug, daß ihr etwas Entspannung gut täte, sie ein bißchen Spaß gebrauchen könnte, tanzen gehen und sich amüsieren sollte, antwortete sie: »Genau daran arbeite ich nun schon seit Monaten.«

Für sie war alles Arbeit. Für Spiel und Spaß blieb keine Zeit. Und wenn er sich einmal nicht vermeiden ließ, dann arbeitete sie selbst am Spaß noch mit Verbissenheit. Ihr bitterer Ernst machten spontane Freude und verspieltes Sich-Austoben so gut wie unmöglich.

Was die anderen wohl denken mögen?

Co-Abhängige beschäftigen sich viel zu sehr damit, was andere vielleicht denken, wollen oder brauchen könnten. Da sie jede nur erdenkliche Gefälligkeit erweisen wollen, merken sie gewöhnlich sehr schnell, was der andere braucht, und weil sie von allen gemocht werden wollen, werden sie versuchen, dieses Bedürfnis auch tatsächlich zu befriedigen. Sie sind aufmerksame Beobachter und werden den Salzstreuer sofort weiterreichen, wenn sie merken, daß jemand danach suchend die Augen über den Tisch schweifen läßt. Auf Grund unserer gesellschaftlichen Umgangsformen und Wertvorstellungen belohnen wir solches Verhalten zumeist mit Lob, Aufmerksamkeit und Anerkennung.

Aber manchmal geht diese Form der Co-Abhängigkeit auch zu weit, nämlich wenn man sich einbildet zu wissen, was der oder die andere will, ohne ihn oder sie vorher zu fragen. Wer »liebgemeinte Unterstützung« und »Hilfe« unaufgefordert aufzwingt, wird unvermeidlich auf Ablehnung stoßen.

Co-Abhängige können nur Zustimmung und »positive Schwingungen« vertragen. Auf dem Gebiet der Konfliktvermeidung und -entschärfung sind sie Experten. Ich habe einmal mit einer Freundin zusammengearbeitet, die in Besprechungen sofort selbstironisch wurde oder witzige Bemerkungen in die Runde warf, sobald ihr auch nur eine Kollegin oder ein Kollege widersprach oder sie kritisierte; in allgemeiner Heiterkeit war das Thema dann schnell vom Tisch. Sie gab so gut wie immer nach, um einer Konfrontation vorzubeugen.

Meinungsverschiedenheit war für sie gleichbedeutend mit persönlicher Ablehnung. Deswegen nahm sie die Zustimmung ihrer Kolleginnen und Kollegen wichtiger als ihre eigenen Ideen und Vorstellungen.

Tolerierung von Fehlverhalten

Co-Abhängige tolerieren am anderen zuviele Mängel und zuviel persönliches Versagen. Sehr oft enden sie mit einem Partner, der Alkoholiker oder in anderer Form suchtkrank ist, und lassen sich Dinge gefallen, die der oder die weniger Co-Abhängige zumindest für unpassend hielten.

Tilly war Krankenschwester und hatte regelmäßig Nachtdienst. Zu Hause putzte und kochte sie, wusch die Wäsche, ging einkaufen, sorgte dafür, daß alle Rechnungen termingerecht bezahlt wurden und kümmerte sich um alles und jedes, das im Haus sonst noch zu tun war. Ihr Mann übernahm nur Gelegenheitsarbeiten. Abends ging er meistens in die Kneipe. Den Tag hingegen verschlief er nicht selten ganz. Oft hob er Geld vom Gemeinschaftskonto ab und verlor es beim Pferderennen oder brachte es in Lokalen durch. Wenn Tilly ihn auf das fehlende Geld ansprach, sagte er, daß er es für eine Autoreparatur gebraucht hätte. Obwohl sie ihm diese Geschichte nicht abnahm, meinte sie schulterzuckend: »Ich kann mich einfach nicht auf ihn verlassen.« Das ging Jahre so weiter: Lügen, durchzechte Nächte, Lieblosigkeit, Achtlosigkeit, keine finanzielle Unterstützung. Viele Jahre lang ließ sich Tilly so gut wie alles gefallen, ja entschuldigte ihren Mann obendrein: der Ärmste hatte Schweres durchzustehen und brauchte dringend ihren Beistand.

Lob und Tadel vermeiden

Komplimente werden abgetan, Kritik verletzt. Mit Lob und Tadel können Co-Abhängige selten unvoreingenommen umgehen. Zum Beispiel ich selbst: als typische Erfolgsfrau dachte ich, daß ich

beim nächsten Mal grundsätzlich mehr als beim letzten Mal tun -
und es obendrein auch noch besser machen könnte.

Mein Chef würdigte meine Arbeit fast ausschließlich mit Lob
und Zuspruch. Das ein oder andere Mal gab er mir eine Anregung,
wie ich etwas besser oder auch nur anders machen könnte. Eine
formelle Beurteilung endete mit den Worten: »Würde Sie sehr gern
auch inoffiziell häufiger sehen. Wir sollten noch enger in Kontakt
bleiben.«

Als mich dann später am Tag jemand fragte, wie man meine
Leistung beurteilt hätte, sagte ich nur: »Mein Chef denkt wohl, daß
ich nicht eng genug mit ihm zusammenarbeite.« Ich hatte das lange
und ausführlich begründete Lob einfach vergessen, sondern erinner-
te mich nur noch an den kleinen Hinweis auf eine wünschenswerte
Veränderung.

Wenn ich mir jetzt die damalige Situation vergegenwärtige, fällt
mir ein, daß er wahrscheinlich die gelegentlichen Mittagessen
vermißte, zu denen wir uns im Vorjahr häufiger zusammengefunden
hatten, und daß er mir zumindest eine nette Ermunterung mit auf
den Weg geben wollte, mit demselben Elan weiterzumachen wie
bisher. Ich hatte das Lob einfach abgetan und in seiner Beurteilung
nur nach dem Sandkorn des Tadels gesucht.

Teilnahme am »Rettungs-Dreieck«

Co-Abhängige sind häufige MitspielerInnen im sogenannten
»Rettungs-Dreieck«, in dem sie je nach Lage der Dinge vom »Retter«
zum »Opfer« werden und sich dann vom »Opfer« in den »Ankläger«
verwandeln.

Eine meiner Bekannten konnte andere nicht in Not sehen; das
war ihr sofort unangenehm. Sie fühlte sich verpflichtet, die Situation
zu bereinigen, sobald man sich bei ihr nur über eine Unannehmlich-
keit oder Schwierigkeit beklagte.

Rhonda arbeitete in einem Lebensmittelgroßhandel für Hotels.
Sie hatte Köpfchen, Humor und drückte sich nicht vor harter Arbeit.

Sie war allgemein beliebt und hatte der Firma die Arbeit mit ihren vielen Verbesserungsvorschlägen erheblich erleichtert.

Sofort war sie mit Rat und Tat zur Stelle, wenn eine andere Frau aus ihrem Team über ein Problem klagte. Entweder konnte sie dann mit einem Vorschlag dienen, wie man es anders machen könnte, oder sie nahm sich der Sache sogar gleich selbst an. Ihr lag sehr viel daran, den anderen zu gefallen, und dies schaffte sie, indem sie ihre Probleme für sie löste.

Eines Tages wandte sich eine Kollegin an Rhonda: »Ich weiß wirklich nicht, wie ich mit all den Bestellungen rechtzeitig fertig werden soll, bevor ich meine Tochter von der Tagesstätte abholen muß.« Rhonda sprang sofort ein: »Kein Problem, ich helfe dir schon damit.« Paula freute sich, während Rhonda sich zu Paulas Rettung schnurstracks auf die Bestellungen stürzte. Paula verbrachte den Rest des Tages zum großen Teil damit, daß sie über die unmöglich zu bewältigende Arbeitslast jammerte. Rhonda hingegen arbeitete daran. Als es 17:00 Uhr schlug, kämpfte sich Rhonda immer noch durch die Bestellungen, während Paula einfach das Büro verließ, ohne sich zu bedanken oder Rhondas Hilfe auch nur zu erwähnen. Rhonda war stinksauer, weil man sie mit den immer noch unfertigen Bestellungen sitzengelassen hatte.

Rhonda hatte als Retterin begonnen, jetzt fühlte sie sich als Opfer. Sie fühlte sich von Paula übergangen und ausgenützt. Am nächsten Tag schließlich war das Rettungs-Dreieck vollendet, als Rhonda sich bei den übrigen Kolleginnen über Paulas Faulheit und die mangelhafte Organisation ihrer Arbeit beschwerte. Rhonda hatte sich schließlich in die Anklägerin verwandelt. In der Kritik an Paula machte sie ihrem Ärger und ihrer Verachtung Luft: nicht nur, daß die nicht mit der eigenen Arbeit fertig wurde, nein, schlimmer noch, sie würdigte Rhondas Hilfe nicht und hatte sich auch nicht dafür bedankt. In ihrem Bemühen, Paula vor der eigenen Verantwortung zu bewahren, hatte sich Paula in das »Grand Trio« gestürzt - das Dreieck von »Retterin-Opfer-Anklägerin«.

Emotionales Verschmelzen und emotionale Distanz

In der engeren menschlichen Beziehung schwanken Co-Abhängige zwischen Verschmelzung und emotionaler Distanz.

Lee war zwar sehr freundlich und nett, aber nur wenige kannten sie näher. Sie zeigte nicht viel von sich und wahrte immer einen gewissen Abstand. Sie wägte sorgfältig ab, was sie anderen erzählte. Das änderte sich nur, wenn sie einen Mann traf, bei dem sie sich verwundbar fühlte. Dann schüttete sie ihr Herz aus und erzählte ihm alles, was sie fühlte und dachte. Das stieß andere gelegentlich ab, und sie fühlte sich verlassen, was sie wiederum verbitterte. In anderen Fällen merkte sie zu spät, daß sie sich mit jemandem eingelassen hatte, den sie im Grunde nicht mochte oder dem sie nicht vertrauen konnte.

Lee fiel es ungeheuer schwer, in engeren Beziehungen das rechte Maß zu finden: sie schwankte zwischen Intimität und emotionaler Distanz, wobei sie Intimität obendrein mit symbiotischer Verschmelzung verwechselte. Dabei kann es passieren, daß man »zu oft zu vielen zu viel sagt« und zu anderer Zeit, emotional auf Distanz gehend, seine Gefühle ganz und gar verbirgt.

Verbinden und Trennen

In ihrem Buch »Zärtliches Tempo« zeigt Harriet Goldhor-Lerner den schmalen Pfad zwischen Bezogenheit (Wir-Gefühl) und Eigenständigkeit (Ich-Gefühl). Wenn Sie ihn finden und ihm folgen wollen, müssen Sie sich über Ihre eigenen Wünsche, Hoffnungen oder Bedürfnisse im klaren sein. Förderlich ist außerdem die Fähigkeit, Ihre persönlichen Grenzen zu definieren, in denen Sie sich emotional wohlfühlen, und natürlich auch die Grenzen Ihrer Leistungsfähigkeit.

Emma war lesbisch; seit zwei Jahren lebte sie mit Mary zusammen. Gleich um die Ecke in der nächsten Querstraße wohnten Judy und Sharon, ebenfalls ein lesbisches Paar. Sie waren alle miteinander befreundet und verbrachten eine Menge Zeit zusammen. Emma war tief gekränkt, als ihre Lebenspartnerin Mary ihr gestand, daß sie sich in Judy verliebt hätte. Aber es kam noch schlimmer: Mary erwartete von Emma, so zu tun, als ob in ihrer Beziehung alles in Ordnung wäre, um Judy vor der Notwendigkeit zu schützen, Sharon und ihre anderen gemeinsamen Freundinnen und Bekannten mit der Wahrheit zu konfrontieren. Emma bewahrte Marys Geheimnis und betrachtete ihre Zurückhaltung als eine Möglichkeit, Mary ihre Liebe zu zeigen.

Natürlich stellte Emma Marys Bedürfnisse damit über ihre eigenen. Sie wurde sehr melancholisch, aß kaum noch, schlief schlecht, schlitterte also immer tiefer in eine Depression. Sie mußte sich ihre Gefühle von der Brust reden. Zu diesem Zweck kam sie zu mir. Im Laufe unseres Gesprächs ging ihr auf, daß sie keine klare Vorstellung von ihren Grenzen hatte und auch nicht wußte, was sie sich in dieser Lage überhaupt zumuten durfte. Ja, eigentlich traf dies auf ihr ganzes Leben zu.

Mit der Zeit zeigte sich, daß Mary aus eben diesem Grund das Interesse an der Beziehung verloren hatte. Sie fühlte sich von Emma erdrückt, weil Emma nicht so recht wußte, was sie mit ihrem Leben anfangen sollte. Emma war nicht in der Lage, sich von den Bedürfnissen und Wünschen Marys klar abzugrenzen, und entwickelte in der Beziehung wenig Gefühl für sich. Stattdessen blieb sie ichschwach. Die Beziehung war ihr wichtiger als das eigene Selbstwertgefühl. Sie fühlte sich mit Mary verschmolzen und war nur im Rahmen des »Wir« der Bezogenheit handlungsfähig. Sie kannte nicht genau ihre eigenen Grenzen und nahm die Unehrlichkeit in Kauf, Mary und Judy in den ersten Stadien ihrer Beziehung für eine gewisse Zeit vor anderen zu decken.

Nach dem schmerzlichen Ende mit Mary wurden engere Beziehungen für Emma ganz allgemein zum Problem. Sie war für einige Jahre nicht zu größerer menschlicher Nähe bereit. Die Trauer jener Zeit war natürlich ein wichtiges Element des Ablöse-Prozesses; sie half Emma, ihre Eigenständigkeit und individuelle Identität zu finden. Sie vergab Mary und sich selbst, ja es gelang ihr sogar, Mary in naher und herzlicher Freundschaft verbunden zu bleiben. Vor jeder anderen engen (nicht notwendigerweise sexuellen) Beziehung schreckte sie jedoch zurück. Sie schätzte ihre Eigenständigkeit und befürchtete, daß sie ihr neugewonnenens Ich-Gefühl nicht aufrechterhalten könnte, sobald sie sich auf eine engere Beziehung einließ.

Erzieht die Familie ihre Kinder dazu, daß Gefühle nichts wert sind und/oder sie darüber besser nicht sprechen sollten, fördert sie automatisch die Abspaltung von der eigenen Persönlichkeit. Das Mädchen oder der Junge lernen, ihre Gefühle zu ignorieren, sich von ihnen zu trennen. Damit verbunden ist wahrscheinlich die Abtötung gesunder Gefühle für den anderen. Die erwachsene Frau oder der erwachsene Mann bleiben dann emotional distanziert. Schwerwiegende und entfremdende Brüche in der Persönlichkeitsentwicklung sind unvermeidbar, wenn Kind, Frau oder Mann an Beziehungen gehindert werden, in denen beide Partner aufeinander eingehen und einander etwas geben. In funktionsgestörten Familien herrscht Entfremdung, vor allem wenn Kind, Frau oder Mann schwer gequält und/oder mißhandelt werden.

Jean Baker Miller sagt, daß es zur Entfremdung kommt, »wenn die unmittelbare Umwelt der nächsten Verwandten und Bezugspersonen über den authentischen Selbst-Ausdruck der Erfahrung eines Kindes oder Erwachsenen einfach hinweggeht.«* Vielleicht haben viele Leute nicht hingehört, als Sie noch ein kleines Kind waren und etwas sagen wollten, oder sie haben Ihre Äußerungen sogar regelrecht verboten, mit Sprüchen wie: »Hör auf zu heulen!«; oder: »Werd nur nicht frech!« (d. h., du hast kein Recht auf deine Wut!); oder: »Was du an der oder dem bloß findest, das ist doch keine Freundin

---

* Jean Baker Miller: Connections, Disconnections and Violations, Stone Center for Developmental Services and Studies, 1988 (eine akademische Forschungsarbeit, beziehbar direkt über das Stone Center, Wellesley College, Wellesley, MA 02181, U.S.A.)

(kein Freund) für dich!«. Wiederholen sich solche und ähnliche willkürliche Unterbrechungen des Erlebnis-Kontinuums über einen längeren Zeitraum, werden Sie daraus lernen, daß Sie Ihren eigenen Erfahrungen, Gefühlen und vor allem Ihrem Urteil keineswegs trauen dürfen. Vielleicht beginnen Sie, an sich zu zweifeln und meinen gar, daß mit Ihnen irgend etwas nicht in Ordnung sein kann. Sie sind einsam, und wahrscheinlich glauben Sie darüber hinaus, daß die Entfremdung Ihre eigene Schuld ist und Sie deswegen nicht zur Gruppe jener Auserwählter gehören, die über alles genauestens Bescheid wissen. Sie fühlen sich hilflos, machtlos, handlungsunfähig, vollkommen davon überzeugt, daß Sie sowieso nichts ändern können. Alice Lawler schreibt, daß »häufige Entfremdung den einzelnen unfähig macht, für sich und andere zu sorgen, seine Gefühle auszudrücken. Man weiß nicht so recht, wer man eigentlich ist und kann sich und die Welt nur noch verzerrt wahrnehmen.«[*]

Das war eine lange Liste von Symptomen, die Ihr Auge für die typischen Verhaltensstrukturen der Co-Abhängigkeit schärfen sollte. Sie ist als Hilfe gedacht; sie möchte Ihre Bewußtheit für die vielschichtigen Zusammenhänge des Problems vertiefen, einfühlsam wie die Stimme Ihres wahren Selbst.

Vielleicht haben Sie einige Merkmale und Verhaltensweisen dabei entdeckt, die Sie auch von sich selbst kennen. Das könnte bedeuten, daß auch Sie zu sehr auf die Reaktion Ihrer Umwelt und Mitmenschen fixiert sind und zu wenig auf Ihre eigenen Bedürfnisse achten. Co-abhängig sind Sie jedoch nur dann, wenn diese Merkmale und Verhaltensweisen Ihre Beziehungen zu anderen Männern und Frauen belasten und Lebensfreude und Genuß verhindern.

---

[*] Alice Lawler: The Healthy Self: Variations on a Theme, unveröffentlichte wissenschaftliche Untersuchung, 1988; zu beziehen bei: Alice Lawler, Counseling and Mental Health Center, University of Texas at Austin, Austin, TX 78713-8119, U.S.A.

Wie man co-abhängig wird: die Spielregeln der Familie

Die Verhaltensmuster der Co-Abhängigkeit werden in der Kindheit erlernt. Die Familie stellt für sie den wichtigsten ihrer verschiedenen Nährböden bereit. Unter anderem ist Co-Abhängigkeit nämlich eine Methode der Anpassung, der Nachahmung der in der Familie üblichen Formen der Interaktion. Co-abhängige Familien schaffen eine streßgeladene, unberechenbare Umwelt mit vielen Geheimnissen und besonderen Spielregeln, die offene Kommunikation verbieten. Bestimmte Mitglieder werden zum Sündenbock auserkoren, zu ihrem Nachteil mit den anderen verglichen oder auch einfach nur beschimpft, zum Beispiel wenn eine Mutter ihr Kind mit den Worten zurechtweist: »Du bist so blöd wie dein Vater; nichts machst du so, wie man es dir sagt.« Solche Worte tun unendlich weh. Wer sie als Kind zu hören bekommt, verinnerlicht die Botschaft und fühlt sich schließlich schuldig für Dinge, für die er oder sie niemals verantwortlich sein kann; ein gesundes Selbstbewußtsein läßt sich auf diese Weise kaum entwickeln.

Wahrscheinlich schleppen Sie diese oder ähnlich Botschaften dann selbst als Erwachsene(r) mit sich herum. »Kindisch« nennt man den Erwachsenen, der seine Konflikte und Probleme noch mit denselben Mitteln zu bewältigen versucht wie ein Kind. Diese aber verschaffen keine Erleichterung, sondern verschlimmern den Schmerz. Viele Merkmale der Co-Abhängigkeit sind identisch mit den typischen Verhaltensweisen derartig »zurückgebliebener« Erwachsener. Wir sagen: »Er oder sie ist so ein richtiger Kindskopf!« und verweisen damit auf ihre mit der Co-Abhängigkeit gemeinsamen Ursprünge.

Häufig verlangen die Eltern von ihren Kindern unerfüllbare Aufgaben und eine Verantwortung, für die sie einfach noch nicht reif genug sind. Etwa, wenn eine Sechsjährige im Büro anrufen soll, um zu sagen, daß Vater oder Mutter krank sind und heute leider zu Hause bleiben müssen. Das Mädchen wird vorzeitig in die Rolle der Mutter gedrängt und soll die Eltern »bemuttern«.

Wir haben Jake schon kennengelernt und auf seine Vereinsamung hingewiesen. Er sagt von sich, daß er früher sehr gern in die Schule ging. Das Wochenende hingegen war ihm verhaßt, da mußte er nämlich den ganzen Sonnabend mit seiner kleinen Schwester zusammen zu Hause bleiben. Nach dem sechsten Geburtstag erwartete man von ihnen einen gründlichen Hausputz, mit allem drum und dran: Boden scheuern, Wäsche waschen, kochen und was sonst noch gerade anfiel. Erledigten die beiden eine bestimmte Aufgabe nicht zur Zufriedenheit ihrer Eltern, mußten sie noch einmal von vorn anfangen - ohne oder mit nur geringer Hilfe der Erwachsenen. Jakes Mutter und Vater saßen während dieser Zeit fast immer vor dem Fernseher, wenn sie nicht, wie im Sommer, draußen im Freien in der Sonne lagen. Zusammen mit seiner Schwester mußte Jake in die Rolle des »fürsorglichen Erwachsenen« schlüpfen.

Heute ist er zweiunddreißig und verhält sich in Gegenwart seiner Eltern immer noch, als müßte er auf Zehenspitzen gehen. Er erzählt ihnen kaum etwas von sich und schützt sie fast vollständig vor der unbändigen Wut, die er auf sie hat. Nur im übertragenen Sinn gestattet er sich den Ausdruck seines Zorns: indem er seine Eltern erpreßt. Er läßt sich dafür bezahlen (mit einem neuen Auto, Bürgschaften für alle möglichen Kreditkarten und so weiter), daß er über seine Wut nicht spricht, schon gar nicht über den sexuellen Mißbrauch durch den Vater, der ihm bisher das ganze Leben versaut hat. Jakes Eltern zahlen lieber, als daß sie sich damit auseinandersetzen.

Co-Abhängigkeit entsteht sehr oft in Familien mit besonders schwerwiegenden Belastungen wie Alkoholismus, Inzest, chronische körperliche oder seelische Krankheit oder einer anderen Form von hohem Dauerstreß. Andererseits gehören nicht unbedingt offensichtliche und schwerwiegende Probleme dazu, damit eine

Familie co-abhängig machende Verhaltensstrukturen entwickelt. Zumeist geht das co-abhängige Verhalten eben einfach auf Eltern und Großeltern zurück. Man hält es für »ganz normal«, auch wenn es unglücklich macht und seelischen Schmerz mit sich bringt. Funktionsgestörte Familien mit ihren gewöhnlichen Problemen und/oder »Geheimnissen« bringen Erwachsene hervor, die sich in bestimmten Lebensbereichen notgedrungen wie kleine Kinder verhalten. Es gibt sehr viele solche Familien.

In der funktionsgestörten Familie wachsen die Kinder mit Spielregeln auf, die den Ausdruck wahrer Gefühle behindern. Claudia Black hat diese Spielregeln in ihrem Buch »It Will Never Happen to Me!«* ausführlich geschildert. Übereinstimmend verlangen sie allesamt: NICHTS SAGEN! NICHTS FÜHLEN! NIEMANDEM VERTRAUEN! Sie zwingen zahllose Kinder zur Leugnung ihrer eigenen Gefühle, denn unter ihrem Einfluß erhalten die Kinder so viele zweideutige und manchmal auch dreifach deutbare Botschaften (Tu, was ich dir sage, und nicht, was ich dir vormache!), daß sie beim besten Willen nicht mehr wissen können, was wirklich und was nur Einbildung ist. Da sie ihrem eigenen Urteil noch nicht trauen können, bestätigen sie gern, daß alles bestens und vollkommen in Ordnung ist. Dies zu bestreiten, geht über ihre Kräfte. Wenn Respektspersonen wie Eltern, Lehrer oder ältere Geschwister sagen, daß alles okay und normal ist, dann glaubt das Kind das auch: dann ist alles okay. Wenn es ihm trotzdem unterschwellig nicht ganz in Ordnung erscheint, zweifelt es nicht die Situation, sondern sich selbst an. Es glaubt, daß mit ihm selbst etwas nicht stimmt, daß es nicht klar urteilen kann und/oder noch zu dumm ist.

Die Spielregeln des NICHTS SAGEN! NICHTS FÜHLEN! NIEMANDEM VERTRAUEN! werden über verschiedene Verhaltensmodelle erlernt. Hier sind einige typische Beispiel aus einer von Wirklichkeitsflucht und Lebenslügen beherrschten Familie.

---

* Claudia Black: It Will Never Happen to Me!, Medical Administration Company Printing and Publications, Denver, Colorado, 1980

Über Probleme spricht man nicht

Das ist die NICHTS-SAGEN!-Regel: Wo man nicht miteinander redet, wird der äußere Gefühlsausdruck verhindert oder zumindest entmutigt. Das Kind lernt, seine eigenen Gefühle zu ignorieren; folgerichtig sind die eigene Persönlichkeit und die eigenen Bedürfnisse nur noch von untergeordneter Bedeutung. Das Kind muß immer »wie auf Eiern« durchs Leben gehen.

Vater hatte ständig Nachtschicht, und deswegen verbot man Joel und seinen Schwestern, am Tag im Haus auch nur ein Wort zu sagen. Die Mutter ermahnte ihn wieder und wieder: »Wenn dein Vater schläft, mußt du mucksmäuschenstill sein.« Joel lernte, daß Ruhe wichtiger war als seine eigenen Gefühle. Er gewöhnte sich an, seinem Vater die Schuld zu geben. Über seine Gefühle sprach er mit niemandem. Er hatte eben gelernt, Gefühle für sich zu behalten und seinen Vater zu verachten. Noch nie hat er vor seinem Vater ein Wort verloren über Dinge, die ihm wichtig sind. Ja, er hält seine Gefühle nicht einmal selbst für wichtig oder gar berechtigt.

Gefühle zeigt man nicht

»Grins bloß nicht so verdammt glücklich!...« »Na warte, du wirst schon noch allen Grund zum Heulen haben, das versprech ich dir!...« Solchermaßen zurechtgewiesen, wird das Kind sehr schnell lernen, seine Gefühle nicht zu zeigen. Die Spielregel gibt ihm zu verstehen, daß man seine Gefühle besser leugnet, denn ihr offener Ausdruck hat negative Konsequenzen. Aber auch die Unterdrückung bleibt nicht ohne Folgen. Von seinen eigenen Gefühlen abgeschnitten, wird der erwachsene Mensch sehr häufig physisch krank, bekommt nervöse Kopfschmerzen, Magengeschwüre, Hautausschläge, leidet unter Schlafstörungen und Depressionen. Dann tötet er seine Wahrnehmung noch mehr ab und fühlt überhaupt nichts mehr; folglich weiß er nicht einmal mehr, wie ihm geschieht.

Körper und Geist sind innig miteinander verbunden; oft ist seelischer Streß der Auslöser für physische Krankheit. Ganz gleich, wie man sich auch dagegen wehrt, die Gefühle verschaffen sich Ausdruck, so oder so. Dürfen sie es nicht direkt, finden sie eben einen anderen Kanal.

Kommunikation über Eck

Unter dieser beengenden Spielregel spielt eine oder einer den Boten zwischen zwei anderen Familienmitgliedern. Die Mitteilungen laufen sozusagen über Eck (was man auch als »Dreiecksbildung« bezeichnet). Das Kind vermittelt zwischen Mutter und Vater und federt Konflikte ab oder hilft, diese zu überspielen. Manchmal schlüpft es auch in die Rolle des »Puffers«. Die Eltern müssen nicht mehr miteinander reden, sondern können ihre Wut oder ihre Verachtung füreinander über das Kind austauschen. Vater oder Mutter oder sogar alle beide vermeiden das direkte Gespräch; stattdessen mißbrauchen sie für diesen Zweck das Kind.

Natürlich kommt es dabei zu Übertragungsfehlern und Mißverständnissen, für die sich zu guter letzt ausgerechnet das Kind schuldig fühlt. Was auch immer zwischen den Eltern passiert, es glaubt, schuld daran zu sein.

Die Muster der Co-Abhängigkeit lassen sich nicht mehr vermeiden, wenn das Kind sich nicht offen mitteilen darf und sich zusätzlich für die persönliche Schwierigkeiten anderer verantwortlich fühlen muß. Das Kind lernt, so gut es geht, zu erraten, wie sich der andere fühlt oder was er sich wohl wünschen könnte.

Sei stark, gut, ehrlich und perfekt..., denn wir wollen stolz auf dich sein

Mit dieser Spielregel verlangen die Erwachsenen von ihren Kindern grundsätzlich zuviel. Was auch zu tun ist, man kann es nur auf eine bestimmte Art und Weise tun, eben so, wie es sich für die

Familie gehört - so und nicht anders. Das Kind lernt sehr früh, daß es nie genug tut, so sehr es sich auch anstrengen mag. Die Teller, sagt Vater, die wäscht man so, und danach trocknet man sie so ab. Dann kommt er alle paar Minuten in die Küche und schaut, ob man es auch richtig macht. Ist das Kind schließlich mit der Arbeit fertig, wird er irgend etwas daran auszusetzen finden, das nicht so gemacht wurde, wie er es gern gehabt hätte. Das wird der oder dem Kleinen entweder gleich vorgehalten, oder es fallen die bedeutungsschweren Worte: »Wirst du es denn nie lernen?«

Unter dem Einfluß krampfhaft kontrollsüchtiger Eltern baut das Kind ein ideales Selbstbild von sich auf, dem es gern entsprechen möchte. Aber das Bild ist so weit von den realen Möglichkeiten entfernt, daß das Kind sich bestraft fühlen muß, weil es die hochgesteckten Erwartungen nicht erfüllen kann. An Perfektion gekettet, spürt es die Ketten des Versagens.

Wie sehr oder gut sie den Eltern auch zu Gefallen sein möchten, lernen Tochter oder Sohn doch sehr schnell, daß keine ihrer Bemühungen den Ansprüchen genügt. Entweder entwickeln sie sich dann zur Perfektionistin oder zum Perfektionisten und bemühen sich bis an ihr Lebensende oder sie stürzen in chronische Depressionen, geben auf und finden sich mit »der Tatsache« ab, daß sie »nun einmal nichts taugen«.

Sei nicht so egoistisch

Unter dieser Spielregel lernt das Kind, daß man die eigenen niemals den Bedürfnissen anderer überordnet.

Co-Abhängige wollen ihr seelisches Wohlbefinden dadurch sichern, daß sie sich um andere kümmern, bis schließlich ihr Selbstwertgefühl davon abhängt, wie gut oder schlecht sie für andere sorgen. Ohne einen Menschen, für den sie etwas tun können, fühlen sich die Co-Abhängigen ziemlich wertlos; ihnen fehlt dann sozusagen der Lebenszweck.

Die Spielregel des »Sei nicht so egoistisch!« erzeugt im Co-Abhängigen Schuldgefühle, vor allem, wenn sie in der Kindheit starr und stur auf alle Situationen angewandt wurde.

Tu, was ich sage, und nicht, was ich selbst tue

Diese Spielregel lehrt das Kind, niemandem zu trauen. Co-abhängige Kinder erkennen die Verlogenheit ihrer Eltern, weil sie ja dauernd mitansehen müssen, daß die Eltern ständig gegen die eigenen Lebensregeln verstoßen. Dann suchen sich die Kinder vor dem Schmerz der Widersprüche zu schützen, indem sie überhaupt niemandem mehr vertrauen.

Nehmen wir einmal ein typisches Beispiel: die Mutter bestraft ihr Kind für den Diebstahl einer Packung Kaugummi an der Supermarktkasse. Wenig später muß das Kind beobachten, daß dieselbe Mutter der Kassiererin einen Artikel verschweigt, der im Wagen »zufällig« unter die Einkaufstasche gerutscht ist. Er wird deswegen auch nicht von der Kasse registriert.

Für das Kind ist das äußerst verwirrend. Vor allem lernt es daraus, den eigenen Eltern nicht über den Weg zu trauen. Aber wem soll es dann überhaupt vertrauen, wenn es nicht einmal den eigenen Eltern vertrauen kann? Schließlich zieht das Kind den folgerichtigen Schluß: es kann niemandem trauen.

Sei nicht so albern, das Leben ist ernst

In einer Familie mit repressiven Verhaltensregeln wird den Kindern das sorglose Spielen der Kindheit verwehrt. Stattdessen müssen sie sich um einen Elternteil, die Großeltern, den Bruder oder die Schwester kümmern oder zwischen streitenden Familienmitgliedern vermitteln. Nur wenn sie doppelt so hart arbeiten, sind co-abhängige Kinder einigermaßen mit sich zufrieden. Sie erwarten einfach von sich, daß sie sich zweimal soviel anstrengen wie jeder andere. Für das Gefühl ihrer Daseinsberechtigung wird es zunehmend wichtig, daß sie pausenlos aktiv sind, etwas tun. Am Ende verwehren sie sich die Befriedigung ihres Bedürfnisses nach Spaß und Spiel. Je mehr sie leiden, desto mehr fürchten sie sich auch vor spontanem Herumalbern, denn jede spontane Daseinsäußerung könnte ja vielleicht den Schmerz wachrufen, den sie so sorgfältig unterdrücken. Während die anderen sich Witze erzählen und darüber herzlich lachen, hält sich der Co-Abhängige ängstlich beobachtend im Hintergrund und sagt kein Wort. Solche Albernheiten sind doch auch wirklich egoistisch, unverantwortlich und obendrein ganz und gar unnütz.

Laß dir das bloß nicht anmerken

Melody Beattie befaßt sich in »Mut zur Unabhängigkeit« ausgiebig mit dieser Lebensmaxime: Ganz gleich, wie Sie sich fühlen oder was auch immer Sie gerade zu erledigen haben, man darf es Ihnen nicht anmerken: Sie müssen gut dabei aussehen. Mutter und Teenie-Tochter machen einen Einkaufsbummel. Obwohl sie aufeinander wütend sind und nichts miteinander anzufangen wissen, tut die Mutter bei einer Zufallsbegegnung mit einer Verwandten so, als ob alles in schönster Ordnung wäre. Fröhlich erzählt sie von dem wunderschönen Tag, den man gemeinsam genieße. Permanent lächelt sie ihr mißmutiges Töchterchen an, damit auch sie sich endlich auf die Komödie einläßt: »Ach, wie sind wir zusammen doch happy.« - Auch wenn wir eine Stinkwut im Bauch haben.

Mach bloß keinen Ärger

Diese Regel will ein ungesundes Gleichgewicht in der Familie aufrechterhalten, das auf Kosten fortwährender Unehrlichkeit die Familiengeheimnisse wahrt. Es geht um das Erscheinungsbild der Familie in der Öffentlichkeit, und das ist schwer in Ordnung, so gut wie makellos, denn schließlich hält man sich an alle gesellschaftlichen Regeln. Meinungsverschiedenheiten werden nicht ausgetragen: man sagt nicht, daß man Onkel Jupp eigentlich nicht leiden kann oder daß man auf den Weihnachtsbraten lieber verzichtet, weil man kein Fleisch mehr essen mag. Jede Abweichung wird zum Problem. Denn: »Wir gehören nicht zu denen, die dauernd an ihren Problemen herumkauen, und unsere Gefühle behalten wir hübsch für uns.«

Aus Angst erlaubt die Familie keine gesunden Veränderungen. Was auch immer »Ärger machen« könnte, es darf nicht sein, oder das Nest wird tatsächlich dreckig, und dann weiß alle Welt, daß die Familie eben nicht perfekt ist, sondern sogar schreckliche Geheimnisse bewahrt.

Mehr als alle anderen lernen homosexuelle Männer und Frauen von Jugend an diese Lektion; sie wissen, wie böse es enden kann, wenn man das Nest beschmutzt. In »Permanent Partners« (Feste Partner) schreibt Betty Berzon, daß die »Mehrheit von uns Homosexuellen beiderlei Geschlechts mit einem schrecklichen Geheimnis aufwuchs, das alle unsere Daseinsäußerungen einbezog... Fast ausnahmslos wurden wir mit unserem Geheimnis alleingelassen. Man konnte sich nicht einfach an die Menschen wenden, die man gewöhnlich um Rat und Hilfe bat, denn unterschwellig wußten wir ja, daß sie nicht gern hören würden, was wir ihnen zu erzählen hatten. Wir haben unser Geschlechtsleben und damit unsere Persönlichkeit gezwungenermaßen in einer Atmosphäre permanenter Verlegenheit und Selbstverleugnung entwickeln müssen.«

Andere Familiengeheimnisse haben einen ähnlichen Effekt. Wer welche hat, wird ebenfalls darauf achten, daß er oder sie »das Nest nicht beschmutzt«, nur ja keinen Ärger macht. Familiengeheimnisse gibt es viele: Vaters Bruder, irgendwo in einem Heim für geistig Behinderte versteckt; die Schwester mit ihrer unseligen Abtreibung; Mutter und ihre Psycho-Pillen; der Stiefvater, der seine Teenie-Stieftöchter sexuell belästigt; Mamas Whisky und Schimpftiraden im Zustand der Volltrunkenheit; Papis zahlreiche Seitensprünge; Tante Margot und ihre lesbischen Verhältnisse; Bruder Jens mit

AIDS; Vaters Krach mit seinem Bruder, der kurz darauf auf mysteriöse Weise bei einem Verkehrsunfall ums Leben kam. Und so weiter.

Umzug, Lügen beim Hausarzt, zerbrechende Freundschaften, endlose Überstunden - die Familie nimmt die unvorstellbarsten Drehungen und Wendungen auf sich, um nur ja keinen Ärger zu bekommen und die Wahrheit so lange wie möglich zu vermeiden.

»Mach bloß keinen Ärger!« ist die wichtigste und grundlegendste Spielregel in einer funktionsgestörten Familie. Sie lenkt und bestimmt alle anderen Verhaltensregeln.

Unsere suchtfördernde Gesellschaft

Bisher haben wir im Zusammenhang mit den entwicklungshemmenden Spielregeln nur von der Familie gesprochen. Wenn wir es jedoch beim Einfluß der Familie belassen, gehen wir in unserer Untersuchung nicht weit genug, denn viele andere Quellen prägen ebenfalls unser Leben. In »Co-Abhängigkeit« und »Die Flucht vor der Nähe« beschreibt Anne Wilson Schaef einige Quellen für entwicklungshemmende Regeln: Schule, Kirche, politische Parteien und Interessengruppen, die Gesellschaft insgesamt.

In vielen Institutionen unserer Gesellschaft herrschen spezielle verletzende Regeln; wenn Co-Abhängigkeit und Sucht die Norm sind, werden sie zwangsläufig übernommen. Damit einher gehen unter anderem: 1. Unehrlichkeit; 2. Gefühlsstarre; 3. Denkfehler; und 4. krankhafter Perfektionismus. Wir werden diese im Hinblick auf die Suchtprobleme in unserer Gesellschaft etwas näher untersuchen.

Die westlichen Gesellschaften haben mehr oder weniger alle mit Suchtproblemen zu kämpfen. In »Adult Children« listen John und Linda Friel eine Reihe von besonders häufig suchterzeugendern Substanzen, Phänomenen und Beschäftigungen auf; wahrscheinlich werden Sie aus eigener Beobachtung noch weitere hinzufügen können:

Alkohol
verschreibungspflichtige Medikamente
frei verkäufliche Hausmittel
Drogen
Nahrungsmittel
Fernsehen

Sex
Arbeit
Glücksspiel
Sekten und Kirchen
Joggen
Lesen
Geschwindigkeit
Nikotin
Koffein
Beziehungen
Macht und Einfluß
Geldausgeben
Streß
Gefahr

Nichts davon ist an sich suchtmachend: Die Sucht entsteht erst durch den Gebrauch oder Mißbrauch. Die Unfähigkeit zur Mäßigung verursacht das Problem. Die Basis für eine Sucht ist gegeben, wenn Sie zum Beispiel durch Ihre Unmäßigkeit:

1. Nähe vermeiden oder Gefühle leugnen möchten;

2. Ihre andernfalls unüberwindlichen Hemmungen verlieren und sich fallen oder gehen lassen, wie sie es sonst nicht können;

3. innere Qual oder Unsicherheit maskieren oder andere Probleme verstecken.

Sucht ist demnach zu definieren als der übermäßige Konsum eines Mittels oder die übertriebene Hingabe an eine bestimmte Tätigkeit. Süchtigwerden kann viele verschiedene Formen annehmen; Vermeiden und Leugnen gehören jedoch immer dazu.

Der oder die Süchtige wird vielleicht den Anschein der Kontrolle geben. Das jedoch ist eine Selbsttäuschung, vielmehr hat er oder sie die Kontrolle längst verloren. Sobald Sie irgend etwas hauptsächlich tun, um damit Ihre Gefühle zu leugnen oder zu vermeiden, haben Sie bereits die Kontrolle über Ihr Leben aus der Hand gegeben.

Die von der Familie übernommene »Nur-ja-keinen-Ärger-machen«-Regel ist übertragbar und mag sehr wohl von einer Organisation, Gruppe, der Gesellschaft insgesamt oder auch dem einzelnen übernommen werden. Geschieht dies, wird es ungeheuer wichtig, Gefühle, Schmerz und Probleme unter den Teppich zu kehren. Man darf sie nicht zeigen, unter keinen Umständen. Und die Mittel, mit deren Hilfe man dies erreicht, die werden zur Sucht: Alkohol, Glücksspiel, Arbeiten, Putzen, Fürsorge für einen anderen, Fitness-Training, unüberlegte Risikobereitschaft - und so weiter.

Die Gesellschaft ermutigt solche Verhaltensweisen sogar, zum Beispiel mit: Fernsehwerbung, die nur glückliche, schöne und sorglose Menschen bei einem Bier in gemütlicher Runde zeigt; Beförderung und Boni für Angestellte, die sich 50 und mehr Stunden pro Woche für die Firma abrackern; die Götter und Göttinnen der Fitness-Welle, die uns auf Bildern, Plakaten und Videos anlächeln und einladen, so perfekt auszusehen wie sie (wobei allerdings geflissentlich verschwiegen wird, daß das gute Aussehen und die tolle Form ihr Beruf ist, dem sie mindestens acht Stunden pro Tag nachgehen).

Die vier Grundregeln von Unehrlichkeit, Gefühlsstarre, Denkfehlern und Perfektionismus ermutigen und tragen die Muster der Co-Abhängigkeit, die für unsere Gesellschaftsform typisch sind. Wir wollen sie deswegen im einzelnen vorstellen.

Unehrlichkeit

Von seinen Eltern lernt das Kind die wichtige Spielregel des »Tu-was-ich-sage-und-nicht-was-ich-selbst-tue«, wenn es für einen kleinen Diebstahl bestraft wird, während die Mutter an der Kasse kein Wort über die zwei Dosen Hundefutter verliert, die im Einkaufswagen »versehentlich« unter die Tasche gerutscht sind. Vielleicht wird der Trend zur Unehrlichkeit dann in der Schule verstärkt. Die Lehrerin oder der Lehrer wollen erfahren, wer für den bösen Streich auf dem Schulhof verantwortlich ist, und versprechen, daß die

»ehrlichen« Kinder ohne Strafe davonkommen werden; als man dann die Störenfriede schließlich verpetzt hat, verliert trotzdem die ganze Klasse für eine Woche alle Sonderrechte.

Wenn sie ihre Alkoholiker-Eltern »versorgen« müssen, lernen Kinder sehr schnell, daß es okay ist, den Chef am Telefon über die Gründe von Mamas oder Papas Fernbleiben von der Arbeit zu belügen. Angestellte lernen von ihren Vorgesetzten, die Tatsachen zu verschleiern oder zu schönen, wenn sie ein »heißes Eisen« anpacken müssen; natürlich nur, »damit die Leute sich nicht unnötig aufregen«.

Gefühlsstarre

»Immer nur nett sein« ist ein untrügliches Zeichen der Unehrlichkeit, außerdem führt es geradewegs zur Gefühlsstarre - der Unfähigkeit, die Gefühle frei fließen zu lassen. Im Gemeinderat verlangt die Kirche vor allem von ihren weiblichen Mitgliedern, daß sie zu allen und jedem besonders nett und höflich sind. Wer seine Gefühle ehrlich zum Ausdruck bringt oder öffentlich eine andere als die Meinung der Kirche vertritt, ist schnell gebrandmarkt als: unhöflich, schwierig, im Glauben unzuverlässig, unchristlich oder sogar unmoralisch.

Dazu eine Geschichte aus einer kleinen Universitätsstadt im Herzen Amerikas. Dort lebte ein junger Mann, der im Krieg in Vietnam gewesen war. Er hatte ziemliche Probleme. Deswegen suchte er die Nähe junger Frauen, die in der Kirchengemeinde seines Ortes aktiv waren. Einige dieser Frauen hatten Angst vor ihm wegen der scheußlichen Geschichten, die er über die Prostituierten von Saigon erzählte und auch wegen seiner von Gewalt begleiteten Wutausbrüche. Die männlichen Vorstandsmitglieder des Gemeinderates wiesen die Frauen an, zu dem jungen Mann auch weiterhin nett zu sein und gelegentlich ein paar Stunden in seiner Gesellschaft zu verbringen. Das heißt, man ermutigte die Frauen, ihre eigenen Gefühle zu mißachten und betrachtete ihre persönliche Sicherheit und ihre Ängste und Sorgen vor der realen Gefahr als zweitrangig. Der Vietnam-Veteran wurde ebenfalls emotional betrogen, denn man mißachtete ja auch seine wahren Bedürfnisse, seinen Schmerz und seine Verwirrung, damit nur ja das nette und sympathische Bild der Gemeinde in der Öffentlichkeit gewahrt bliebe. Im Grunde verlangte man von allen an diesem Spiel beteiligten jungen Leuten, sich von ihren unmittelbaren Gefühlen abzukoppeln. Ihre Gefühle sollten erstarren, ihre Stimmen stumm bleiben - damit es kein Aufsehen gäbe, damit das Nest nicht beschmutzt würde.

Ungeeignet oder sogar unmoralisch sind dann die sogenannten »schwarzen Schafe«, die ihre Gefühle offen zeigen, eine andere als die Lehrmeinung der Kirche vertreten oder die Politik im Gemeinderat in Frage stellen. Gerade die Hilfsbedürftigsten werden häufig von der Gemeinde geschnitten: Frauen und Männer in Scheidung, mit seelischen Problemen oder gar eindeutigen Störungen, wie überhaupt alle Frauen und Männer mit starken und klaren Gefühlen. Wie die Familie hat auch die Kirche ihre »Nur-keinen-Ärger-machen«-Regel. Erstarrte Gefühle sind ihr lieber. Und die erwartet sie von ihren Mitgliedern.

Denkfehler

In verworrenen Situationen kann man fast nur verworren denken: es passieren Denkfehler. Gesetzt den Fall, es verwirrt Sie, was Sie in Ihrer unmittelbaren Umwelt und an Ihren Mitmenschen beobachten, weil dort Unehrlichkeit die Norm ist, und deswegen möchten Sie gern »dahinterkommen«, was hier eigentlich gespielt wird. In ihrem Buch »Co-Abhängigkeit« deutet Anne Wilson-Schaef dies als subtilen, aber zumeist erfolglosen Versuch, die Situation wieder unter Kontrolle zu bringen. Er zieht Sie nämlich in den Strudel zwanghafter Denkmuster, denn schließlich wollen Sie ja gern glauben, daß alles wieder gut wird, wenn Sie nur »dahinterkommen«, was eigentlich gespielt wird.

In der Schule ist der Lernstoff in »Fächer« gegliedert; deswegen werden dort auch nur »Fächer« gelehrt und nicht, wie man lebt. Die Schüler eignen sich allmählich grundlegende Denkfehler an, weil man ihnen beibringt, ihrer Intuition zu mißtrauen und nicht alle Informationen aus ihrem Leben zu einem großen Gesamtbild zusammenzufügen. Es kann passieren, daß das Kind beim Spielen oder auf dem Schulweg mehr lernt als auf der Schulbank, während der Lehrer es Schönschrift lehrt.

Ich erinnere mich noch gut an ein Ereignis aus dem vierten Schuljahr. Ich mußte zur Strafe in der Ecke stehen, während meine Klassenkameradinnen ihre Schreibübungen beendeten. Ich hatte schon schreiben gelernt und konnte es ordentlich. Deswegen hatte ich die gestellte Aufgabe schnell erledigt und an meinem Pult still in einem Buch zu lesen begonnen. Der Lehrer bestrafte mich dafür, daß ich zu schnell und nicht seinem Tempo gefolgt war.

Was habe ich daraus gelernt? Ich habe gelernt, unehrlich zu sein, mich ungeachtet meines Wissens oder Könnens niemals besser zu zeigen als die anderen. Ich habe gelernt, daß ich so tun sollte, als wäre ich nur zu durchschnittlichen Leistungen fähig. Ich habe gelernt, den Lehrern meine Vorkenntnisse nicht zu demonstrieren.

Ferner habe ich Heimlichtuerei gelernt, denn immer standen ja »wir« (die Schüler) gegen »die anderen« (die Lehrer). Ich habe gelernt, daß Verhaltensregeln wichtiger sind als selbsterworbene Fertigkeiten und eigenständiges Lernen. Strafwürdig hingegen waren der ehrliche Ausdruck meines Könnens und meines individuellen Tempos.

Obwohl Intuition und die Synthese aus den eigenen inneren und äußeren Sinneseindrücken sehr wichtige Faktoren für das Überleben und die Gesundheit jeder Frau und jedes Mannes sind, habe ich gelernt, meiner Intuition und meinen spontanen Erkenntnissen zu mißtrauen. Stattdessen habe ich verinnerlicht, daß ich um jeden Preis versuchen sollte »dahinterzukommen, was hier eigentlich gespielt wird«. Folglich gewöhnte ich mir zwanghaftes Nachdenken (ein kardinaler Denkfehler) an: Alles wird okay, wenn ich nur begreife, was ich machen muß, um endlich den äußeren Spielregeln gerecht zu werden. Äußere Regeln jedoch können sich ändern oder sogar willkürlich gegen unsere eigenen Interessen festgelegt werden. Deswegen führt zwanghaftes Nachdenken nie zu einem befriedigenden Abschluß, wenn wir uns in den äußeren Zeichen, Symbolen und Hinweisen verlieren, anstatt unseren inneren Botschaften und intuitiven Einsichten zu folgen.

In »Mut zur Unabhängigkeit« setzt sich Melody Beattie ausführlich mit dem sogenannten Mangel-Denken auseinander. Man hat Ihnen von klein an beigebracht, daß es zwar viele schöne und interessante Dinge gibt auf der Welt: Hinwendung, Liebe, innige Nähe, Essen, Trinken, Sex und so weiter - aber leider nicht für alle genug. Deswegen denken Sie wahrscheinlich, daß Sie von all diesen Herrlichkeiten gar nichts abbekommen, wenn Sie nicht auf der Stelle beherzt zugreifen.

Dieser Denkfehler verursacht Verzweiflung: Sie halten krampfhaft fest, was Sie haben, oder stürzen sich auf jedes x-beliebige Etwas, ganz gleich, ob Ihnen das bekommt oder nicht, wie Ed, der mit einer Frau ausging, die er nicht einmal gern hatte, nur um nicht allein zu sein. Sie geben sich mit weniger zufrieden, als Sie verdienen. Sie fühlen sich arm, auch wenn Sie es gar nicht sind.

Jerry wuchs in einer krankhaft anspruchsvollen Familie auf. Er konnte sich anstrengen, wie er wollte, es war nie gut genug, um seine Eltern wirklich zufriedenzustellen. Jetzt ist er ein erfolgreicher Geschäftsmann und verdient mehr als 100.000 Dollar im Jahr. Trotzdem fragt er seine Frau auch heute noch, wieviel Haushaltsgeld sie für die Lebensmittel ausgegeben hat.

Mangel-Denken führt geradewegs in die Zwanghaftigkeit, und sie trägt zum Syndrom der Co-Abhängigkeit bei, die Verlagerung der eigenen Bewußtheit weg vom Selbst auf äußere Objekte, die den inneren Schmerz verdecken sollen.

Perfektionismus

In der Schule haben Sie gelernt, daß Perfektionismus erstrebenswert ist: es ging darum, zu tun, was die Lehrer verlangten, und dafür möglichst nur Einser zu bekommen. Dieses Ziel hat jedoch seinen Preis. Vielleicht haben Sie alle Anweisungen der Lehrer um den Preis befolgt, daß Ihr analytisches Denken verkrüppelt und Ihre Entscheidungsfähigkeit beeinträchtigt geblieben ist.

Selbst wenn Sie nur Einser bekommen haben, müssen Sie deswegen jetzt nicht zwangsläufig glücklicher oder selbstsicherer sein, schon gar nicht, wenn Sie nicht mit anderen Kindern herumgetollt sind und folglich nicht in frühen Jahren lernen konnten, Freundschaften zu schließen und zu halten. Dann sind Sie wahrscheinlich schon sehr früh im Leben vereinsamt. Wenn sie verbissen und mit aller Kraft um gute Noten gekämpft haben, fühlen Sie sich Ihren Mitmenschen nun wahrscheinlich entfremdet und wie von ihnen abgeschnitten. Haben Sie hingegen sehr hart für Ihre Einser gekämpft, aber nur Zweier und Dreier geschafft, hat man Sie vielleicht dumm oder begriffsstutzig gescholten, und Ihre Eltern haben Sie bestraft. Die Zweier und Dreier waren jedoch möglicherweise Anzeichen einer leichten Schreib- und Leseschwäche oder einer gewissen Prüfungsangst. Es könnte ja durchaus sein, daß die Schulzensuren den wachen, analytischen oder kreativen Verstand gar nicht messen können. Einstein hat kein Einser-Abitur gemacht. Vielleicht sind viele Kinder fähig wie Albert Einstein, haben aber später die Botschaft des Versagens durch ihre schlechten Noten dermaßen tief verinnerlicht, daß sie irgendwann einfach aufhörten, zu lernen und geistig-seelisch zu wachsen.

Perfektionismus ist das Herz jeden Wettbewerbs und damit des Konkurrenzdenkens. Wenn wir Perfektionisten sind, wollen wir über andere gewinnen und legen an uns selbst wie an andere sehr hohe Maßstäbe an. Die perfektionistische Einstellung trennt uns voneinander, und wir alle fühlen die Einsamkeit dieses Voneinander-Getrenntseins. Das flüchtige Gefühl der Überlegenheit (das Verführerische an der Falle des Perfektionismus) kann keinen dauerhaften Stolz auf das eigene Sein vermitteln, und anhaltendes Selbstvertrauen schenkt es ebensowenig.

Ich habe an der Universität einmal ein Seminar über geschlechtsspezifisches Verhalten gegeben. In seinem Verlauf bat ich meine Studentinnen und Studenten um eine Hausarbeit: sie sollten ihre persönliche Reise zur geschlechtlichen Identität schildern, also in einem Arbeitspapier festhalten, wie sie in die weibliche oder männliche Rolle hineingewachsen waren.

Die Männer berichteten übereinstimmend von Wettkampfspielen, die sie schon in der Grundschule ausgefochten hatten. Gewinnen war alles, und der Verlierer mußte sich schämen, ein wertloser Schlappschwanz zu sein, eine Memme (mit anderen Worten: weibisch). Die Frauen hingegen schilderten, daß sie zu Hause und unter Freundinnen zwar ebenfalls ihre Wettkämpfe austrugen, von der Grundschule an waren sie jedoch im Sport von den Jungen getrennt und spielten Spiele, bei denen es eher auf Zusammenarbeit ankam, wie etwa »Himmel und Hölle«, wo es weder Gewinner noch Verlierer gibt.

Trotzdem werteten die Jungen ihre Klassenkameradinnen ab, machten sich über sie lustig, weil sie irgendwie zu blumig und weich waren oder schlechthin dumm, weil sie sich mit dummen Spielen abgaben, bei denen es keinen klaren Gewinner gab.

Perfekt ist ein Junge jedoch nur, wenn er sowohl im Spiel als auch im Klassenzimmer ein Gewinner ist. Dann ist er der Beste. Gewinnt er hingegen nur bei den Pausenspielen oder im Sport, kommt in seinen anderen Leistung jedoch nicht über eine Drei hinaus, dann ist er trotzdem nicht perfekt genug. Immerhin sind Jungen grundsätzlich besser als Mädchen, weil sie kämpfen und gewinnen wollen. Ja, den Mädchen erlaubt man nicht einmal, sich im Wettkampf zu messen. Sie bekommen ungeachtet ihrer Interessen und Begabungen eine untergeordnete Stellung zugewiesen. Ein Mädchen mag noch so klug und lernfähig sein, es ist nicht perfekt, weil es physisch mit den Jungs nicht mithalten kann.

Ich habe viele gute Athleten in meinen Vorlesungen und Seminaren, junge Männer, die stolz auf ihre Leistungen sind und aus den diversen Sportprogrammen einen wichtigen Teil ihrer Identität beziehen. In diesem Lebensbereich fühlen sie sich eindeutig überlegen. Andererseits fehlt ihnen nach eigenen Aussagen die Fähigkeit, über einen längeren Zeitraum eine glückliche intime Beziehung aufzubauen und zu halten, und den akademischen Anforderungen fühlen sie sich auch nicht immer gewachsen.

Die Unsicherheit der vernachlässigten und beschämten Teile des Selbst wird übermächtig und tut sehr weh. Der Co-Abhängige konzentriert sich daraufhin zunehmend auf irgendein äußeres Objekt, ganz egal was, um diese Unsicherheit so tief wie möglich in sich zu unterdrücken.

Das Image
der Co-Abhängigen

Auch heute noch leben in Ihnen die Regeln der Fehlfunktionen fort, die Sie in Familie, Schule und Kirche gelernt haben. Sie machen sich in Ihrem Geist und Herzen breit und verführen Sie dazu, sich unglücklich, festgefahren und co-abhängig zu fühlen. Da Sie jedoch schon so lange mit diesen Fehlfunktionen leben mußten, ist Ihnen einigermaßen wohl dabei, und Sie bemerken sie nicht einmal. Trotzdem sind sie da. In »Die Sucht, gebraucht zu werden« sagt Melody Beattie: »Nicht Menschen stellen die Regeln auf. Vielmehr schaffen alle möglichen Süchte, Geheimnisse und andere verrückte Interaktionsmuster diese Regeln, um eben dieselben Süchte, Geheimnisse und verrückten Interaktionsmuster zu schützen und ihren Fortbestand zu gewährleisten. Trotzdem befolgen die Menschen diese Regeln. Und sie geben sie gedankenlos von Generation zu Generation weiter. Die Regeln sind die Wächter und Beschützer des Systems - des verrückten Systems.« Dieselben Regeln binden co-abhängige Menschen aneinander.

Häufig strahlt der Co-Abhängige das Image eines loyalen, verantwortungsbewußten Individuums aus: ein Mensch, der alles im Griff hat und jederzeit weiß, was zu tun ist. Eine Person der Stärke und inneren Festigkeit wird projiziert, darunter jedoch werden sie von entgegengesetzten Gefühlen geplagt: von Selbstzweifeln, Verwirrung und Unsicherheit. Häufig hört man von ihnen den Stoßseufzer: »Alle Welt hält mich für ungeheuer stark. Alle meine Freundinnen und Freunde kommen mit ihren Problemen zu mir. Wenn sie wüßten, was ich eigentlich für ein Mensch bin, wären sie wahrscheinlich sehr überrascht und vielleicht nicht einmal mehr meine Freunde.« Um das Image der Stärke zu wahren, tun Co-Abhängige immer »genau das Richtige«, ignorieren und leugnen ihre eigenen

Gefühle, bis sie Image und wahre Identität verwechseln und deswegen einsam und isoliert bleiben.

Über-Verantwortlichkeit

»Wenn ich mich nicht um alles kümmere, wird ja doch nichts Vernünftiges daraus.« Diane ist fünfzig, Sekretärin von Beruf und erwartet von sich, daß sie bei Familientreffen alles vorbereitet. Obwohl sie mehrere Kinder hat, die mit ihren Frauen oder Männern und den Enkeln zu Familienfeiern zu ihr kommen, geht sie davon aus, daß sie das Festessen allein kocht und sich auch sonst um alles kümmert. Ihre Töchter und Schwiegertöchter bieten ihr zwar an, das eine oder andere Gericht tafelfertig mitzubringen, aber sie besteht darauf, alles allein zu machen: »Nein, ich möchte das so haben. Ich werde mich darum kümmern.«

Diane befürchtet, daß die Festtafel nicht perfekt sein wird, daß Geschirr, Schüsseln und Platten nicht zusammenpassen, wenn sie nicht alles selbst in die Hand nimmt. Deswegen reißt sie die gesamte Verantwortung für die Festtagsvorbereitungen an sich.

Gewöhnlich übertrifft sich Diane selbst, tut noch mehr, als sie vorher versprach, und die anderen wissen, daß sie sich auf sie voll verlassen können: Sie wird alle Hebel in Bewegung setzen und über die Grenzen ihrer Kräfte hinausgehen, damit es auch ein schönes Fest, ein denkwürdiger Feiertag wird. Deswegen tun sie selbst nichts, sondern erwarten von Diane, daß sie schon alles richten wird. Hilfsangebote sind einfach mit zu großen Kämpfen verbunden. Außerdem ist Diane nicht an einer Gemeinschaftsleistung interessiert, weil sie glaubt, daß Überverantwortlichkeit ihre Pflicht ist. Fragt man sie dann, wie die Feiertage waren, bekommt man ein: »Oh, ein Haufen Arbeit!« zu hören.

Indem Diane ihre Familie von den Feiertagsvorbereitungen ausschließt, hält sie sie nicht nur von der Küche fern, sondern auch emotional auf Distanz. Diane genießt die Arbeit nicht, sie macht ihr keine Freude, und selbst wenn alles wunderbar gelingt, sorgt sie sich noch - daß die Speisen nicht perfekt zubereitet waren, daß alles zur rechten Zeit auf den Tisch kommt, daß alle damit zufrieden waren. Sie weiß nicht, was sie eigentlich fühlt, und verschließt diesen Teil ihrer Persönlichkeit vor anderen. Mitteilsam ist sie nicht.

Mit ihrer Über-Verantwortlichkeit will sie sich nützlich zeigen, die Regeln befolgen und anerkannt werden. Auch wenn ihre Familie noch so dankbar für alles ist, wird die Diane vermittelte Dankbarkeit doch nie genügen, daß sie eins und zufrieden mit sich selbst ist.

Selbstvorwürfe

»Daran hätte ich eigentlich denken müssen!« Denise lebte seit zehn Jahren mit Nancy zusammen. Sie bezeichnete sich stolz als »absolut systematisch«. Ihre Lebensmaxime lautete: »Sei immer auf alles vorbereitet!« Als Denise und Nancy ein gemeinsames Wochenende bei Nancys Familie verbrachten, fuhr man zum Picknicken und Wandern in ein nahegelegenes Naturschutzgebiet. Auf der Wanderung stürzte Nancy unglücklich und zog sich eine schlimme Schnittwunde zu. Denise war sofort wütend auf sich, weil sie den Erste-Hilfe-Kasten nicht mitgebracht, sondern im Auto gelassen hatte. Trotzdem schafften sie den Weg zurück zum Wagen und dann schnell zum nächsten Krankenhaus, wo Nancys Schnittwunde behandelt werden konnte. Am Ende mußte Nancy nur ein paar Tage zu Hause bleiben, dann war ihr Fuß geheilt.

Denise jedoch machte sich wochenlang Vorwürfe, daß sie den Erste-Hilfe-Kasten nicht mit auf die Wanderung genommen hatte. Wieder und wieder brachte sie vor, daß sich Nancy gar nicht so schlimm verletzt hätte, wenn sie selbst doch bloß an diesen verflixten Kasten gedacht hätte. Sie hatte einfach nicht an alles gedacht, und das warf sie sich nun permanent vor.

Denises Selbstvorwürfe veranschaulichen, wie tief sich die oder der Co-Abhängige in eine eingebildete Verantwortung verrennen kann und wie die vordringliche Beschäftigung mit dieser imaginären Verantwortung von anderen Fragen ablenkt: etwa von Nancys Eigenverantwortung und Denises Innenleben.

Pseudo-Labilität

»Ich weiß nicht, wie ich das noch aushalten soll!« Allem Anschein nach steht Peggy immer auf der Kippe. Auf welcher, weiß man nicht genau. Aber sie redet, als ob ein Anspruch mehr, ein bißchen zusätzlicher Druck sie zum Wahnsinn treibt. Auf diese Weise hat sie alle Menschen in ihrer näheren Umgebung in Familie und Büro dazu erzogen, daß man nur wenig von ihr verlangen kann. Sie scheint immer der Krise nah, sieht abgespannt aus und bewegt sich schleppend.

Andere gehen in ihrer Gegenwart wie auf Zehenspitzen, um nur ja keinen Schreikrampf auszulösen. Kommt sie zu spät zur Arbeit, verlieren weder der Chef noch ihre Kollegen auch nur ein Wort darüber. Wenn sie ihren Kindern nicht den versprochenen Gefallen tut, springen automatisch der Bruder oder die Schwester ein.

Peggy pflegt ihr Image der Pseudo-Labilität. Indem sie unterschwellig permanent mit einem Nervenzusammenbruch droht, hält sie ihre Mitmenschen auf Distanz und verhindert jede ehrliche Auseinandersetzung. Peggy geht jeder Verantwortung aus dem Weg, hält ihre Umwelt in Unruhe und lenkt von sich und ihren eigentlichen Schwierigkeiten ab. Kein Mensch weiß, was Peggy wirklich fehlt, sie selbst am wenigsten.

Co-Abhängige neigen zu Zwangsverhalten: geben zwanghaft Geld aus, arbeiten zwanghaft, sind sexuell überaktiv, essen oder fasten zwanghaft (Magersucht, Bulimie und Eßsucht sind typische Begleiterscheinungen der Co-Abhängigkeit). Ebenfalls weit verbreitet unter ihnen sind streßbedingte körperliche Beschwerden wie Kopfschmerzen, Rückenschmerzen und Magen-Darm-Krankheiten. Dies sind offenkundige Symptome, die einfach auffallen müssen. Manchmal scheinen die sichtbaren Probleme zu verschwinden. Der Alkoholiker hört auf zu trinken, und damit ist sein »Problem«

doch wohl gelöst. Eine neue Art von Tabletten befreit endgültig von den lästigen Kopfschmerzen.

In beiden Fällen existiert der Schmerz jedoch unterschwellig weiter, und auch das verzweifelte Vermeiden und Leugnen setzt sich fort. Machtlosigkeit und Krankheit können für die oder den Co-Abhängigen dieselbe Funktion haben wie in anderen Fällen die Über-Verantwortlichkeit. Beide Strategien verlagern die bewußte Wahrnehmung vom Selbst und repräsentieren eine zwanghafte Flucht in Äußerlichkeiten.

Hypochondrie

»Kaum habe ich eine Erkältung überwunden, bekomme ich schon die nächste.« Man hatte Jane erst vor kurzem eingestellt, aber ihre Kolleginnen und Kollegen waren darüber bald sehr froh, denn sie brachte ein paar neue Ideen und neue Fertigkeiten mit, die für die Agentur wertvoll wären. Leider schien sie viel Arbeitszeit zu versäumen, weil entweder sie selbst oder eines ihrer beiden Kinder krank waren. Sie hatte zahlreiche Arzttermine und mußte darüber hinaus häufig ihren Sohn oder ihre Tochter von der Schule abholen. Im Laufe ihres ersten Jahres hatte man ihr mehr krankheitsbedingte Arbeitsausfälle zugestanden als eigentlich wirtschaftlich vertretbar war. Sie verpaßte viele wichtige Besprechungen, so daß ihre Kolleginnen und Kollegen nach einigen Monaten zu dem Schluß kamen, daß man sich auf sie nicht verlassen konnte. In ihrer Familie schien es fast permanent irgendwelche Notfälle zu geben.

Hypochondrie bedeutet Angst vor Ansteckung und Krankheit; wer darunter leidet, ist häufig krank. Janes Krankheiten waren ihr Ausweg aus geregelter Pflicht und Zusammenarbeit mit ihren Kolleginnen und Kollegen. Im allgemeinen entschuldigt körperliche Krankheit die Abwesenheit vom Arbeitsplatz; man stellt sie nicht in Frage, es sei denn, sie passiert so häufig wie in Janes Fall.

Bernie Siegel spricht in »Peace, Love and Healing« ausführlich über krankmachende Lebenseinstellungen. In seiner Praxis war er auf ein auffälliges Phänomen gestoßen: Auf seine Frage, was ihnen denn fehlte, antworten viele Patienten schulterzuckend mit: »Nichts.«

Wenn Sie jedoch Ihre Bedürfnisse und Gefühle leugnen und allen Tatsachen ungeachtet so tun, als ob alles in bester Ordnung wäre, fordern sie damit Ihren Körper auf, sich tot zu stellen. Und das wird ihr Körper auch tun. Er wird absterben, wie die Botschaften Ihres Bewußtseins ihm auftragen. Siegel kommt zu dem Schluß, daß Ihr Körper durch Selbstverleugnung kränker wird und schneller stirbt, und er sagt auch, was Sie tun müssen, damit sie mit Sicherheit krank werden:

1. Achten Sie nicht weiter auf Ihren Körper. Essen Sie am besten nur »Junk Food«, trinken Sie regelmäßig und unmäßig, nehmen Sie Drogen und schlucken Sie Pillen, schlafen Sie mit möglichst vielen verschiedenen Männern und Frauen, pfeifen Sie dabei auf Safe Sex - und fühlen sie sich deswegen so richtig schön schlecht. Wenn Sie abgespannt oder müde sind, gehen Sie einfach darüber hinweg und treiben sich vorwärts.

2. Pflegen Sie das Gefühl der Sinnlosigkeit. Erfahren Sie Ihr Leben so oft wie möglich als nutz- und wertlose Pflichtübung.

3. Tun Sie peinlich genau alle die vielen Dinge, die Sie nicht gern tun, und vermeiden Sie um jeden Preis die Dinge, die Sie wirklich gern tun möchten.

4. Befolgen Sie anderer Leute gutgemeinten Rat und betrachten sich dabei als »Niete« oder als Versager, der nie zurechtkommt.

5. Stellen Sie sich plastisch alle möglichen Scheußlichkeiten vor und malen Sie sich diese mit manischer Besessenheit in allen Einzelheiten aus. Machen Sie sich möglichst oft, wenn nicht sogar immer, möglichst viele Sorgen.

6. Vermeiden Sie alle tiefen, dauerhaften und innigen Beziehungen.

7. Geben Sie grundsätzlich den anderen die Schuld an Ihren Problemen.

8. Äußern Sie weder Ihre Gefühle noch Ihre Ansichten offen und ehrlich, denn daran liegt sowieso niemandem etwas. Am besten ist, Sie wissen nicht einmal selbst so genau, was Sie eigentlich fühlen.

9. Meiden Sie den Kontakt mit allem, was auch nur den leisesten Sinn für Humor verrät. Das Leben ist schließlich eine ernste Sache.

10. Machen Sie einen großen Bogen um Veränderungen, die Ihnen mehr Glück und Freude bringen könnten.

Siegel kommt zu dem Schluß, daß der Kranke aus seiner Selbstverleugnung und Selbstbestrafung ausbrechen muß. Letztlich hilft ihm nur der Schritt zur echten, authentischen Persönlichkeit, die offen für sich einsteht. Diese fundamentale Wandlung läßt sich jedoch nur über eine Konfrontation der in der Kindheit erlernten negativen Programme erreichen. Es ist Aufgabe des Erwachsenen, sich um ihre Änderung zu bemühen - und das innere Kind zu heilen.

Machtlosigkeit

»Ich habe alles Menschenmögliche getan, damit er nicht länger so entsetzlich viel arbeitet.« Als Shirley ihren Mann heiratete, war sie von seinem Erfolg als Lehrer beeindruckt. Im Vorjahr hatte man ihn sogar wegen seiner herausragenden Leistungen ausgezeichnet. Joe bereitete sich intensiv auf jede einzelne Unterrichtsstunde vor; er saß jeden Abend über seinen Büchern - wochentags, samstags und sogar sonntags.

Shirley hätte gern mehr Zeit gemeinsam mit Joe verbracht und sagte ihm das, obwohl sie natürlich gleichzeitig auch Verständnis für sein Interesse an seiner Arbeit aufzubringen versuchte. Joe erklärte daraufhin nur, sein Ziel wäre, ein guter Lehrer zu sein, was sich nur mit stundenlanger Vorbereitung machen ließe.

Shirley fühlte sich in der Beziehung zunehmend machtlos, wurde verspannt und reizbar, weil sie Joe so gut wie nie auf sich aufmerksam machen konnte. Schließlich gab sie auf; sie wollte nicht mehr versuchen, Joe zu ändern. Depressionen waren die logische Folge. Er saß in seinem Büro in der Schule, sie saß vor dem Fernseher und fühlte sich einsam und ungeliebt.

Shirley hoffte auf des Beste, erwartete das Schlimmste und konnte niemals den Augenblick genießen - sie verharrte wie angewurzelt in einer Position totaler Machtlosigkeit. Sie dachte nicht über eine Änderung ihrer Lage nach, versuchte nicht, die Gründe für die Situation zu erhellen, und sie kam auch nicht auf den Gedanken, daß sie mit eigenen Entscheidungen etwas ändern könnte. Sie hörte einfach auf, ihre Bedürfnisse wahrzunehmen oder zu überlegen, was ihr vielleicht gut täte.

Co-Abhängige betrachten ihre Handlungen, Einstellungen und Erwartungen nicht gern unparteiisch und ehrlich, und am liebsten würden sie sich auch nicht ändern. Entweder richten sie alle Energie darauf, den anderen und die Umstände zu ändern, oder sie leben permanent in Schuldgefühlen. Aber sich selbst ändern, das möchten sie eigentlich nicht.

Im Grunde sind sie ängstliche, bedürftige, verletzliche Kinder, die sich nach Liebe und Fürsorge verzehren, ganz gleich ob sie zerbrechlich und hilflos oder verläßlich und stark erscheinen.

Die Opfer:
für Co-Abhängigkeit
besonders anfällige Gruppen

Es gibt eine Reihe von gesellschaftlichen Gruppen, bei denen die Verhaltensmuster der Co-Abhängigkeit stark hervortreten, weil sie besonders anfällig dafür sind. Frauen zum Beispiel werden von klein auf dazu angehalten, anderen Menschen entgegenzukommen und sich ganz auf den anderen einzustellen. Mutterschaft ist auf die Muster der Co-Abhängigkeit regelrecht zugeschnitten. Das gleiche gilt für fast alle therapeutischen und sozialen Berufe: ÄrztInnen TherapeutInnen, Krankenschwestern und -pfleger, SozialarbeiterInnen, Geistliche und so weiter. Alle diese Gruppen bleiben für die Muster der Co-Abhängigkeit anfällig, um so mehr, wenn beim emotionalen Engagement keine klaren Grenzen gezogen werden und man immer nur Hilfe und Fürsorge erwartet.

Frauen

Die soziale Anpassung der Frau ist auf Fürsorge und Unterstützung anderer ausgerichtet. Man erwartet von der Frau, daß sie sich wie »der gute Geist« verhält, der die Familie oder am Arbeitsplatz das Team »zusammenhält«. Meist fällt der Frau die Aufgabe zu, Beziehungen zu pflegen und mit Energie zu speisen. Im Prozeß der Sozialisierung vom Mädchen zur Frau legt man sie darauf fest, die Beziehungen von Männern, Frauen und Kindern zu unterstützen. Deswegen bringen Frauen wahrscheinlich den größten Teil jener Unterstützung und Energie auf, die jede gesunde Beziehung verlangt. Dies ist eine wertvolle Aufgabe. Jean Baker Miller stellt fest: »Die meisten Frauen finden Selbstwertgefühl und Erfüllung, wenn sie die Erfahrung machen, daß alle ihre Lebensimpulse und -beiträge aus dem Kontext ihrer Beziehungen erwachsen und eher zu einer größeren Verbundenheit führen als zu einem wachsenden Gefühl des Getrenntseins.«* Sie untersucht ferner die verschiedenen Arten der Verbundenheit, die Frauen dabei erfahren, und kommt zu dem Ergebnis, daß das Leben einer Frau zum großen Teil damit ausgefüllt ist, »aktiv zur Entwicklung anderer beizutragen«. Frauen setzen ihre Kräfte dazu ein, anderen Kraft zu schenken, das bedeutet: sie stärken den anderen emotional und intellektuell in vielen Lebensbereichen und erweitern seine Ressourcen.

Frauen wissen intuitiv, daß gegenseitige Aufgeschlossenheit und Beachtung beiden Partnern einer Beziehung neue Kräfte schenkt und sie dazu befähigt, die eigenen Gefühle wahrzunehmen und aktiv auszuleben oder »der inneren Stimme zu folgen«. Miller sagt, daß »mit der Qualität der Beziehung auch die oder der einzelne wächst. Das Ziel ist also nicht die immer größere Abgrenzung, sondern eine Qualitätsverbesserung in der Verbundenheit mit anderen, und diese Verbundenheit führt dann zu mehr persönlichem Wachstum.«

Ausnahmslos alle Menschen lernen sich selbst über ihre Beziehung zu anderen kennen, von Frauen erwartet man dies nur mehr als von Männern. Die Mehrheit der entwicklungspsychologischen Theorien dagegen geht von der Vorstellung aus, daß Reife gleichbedeutend sei mit zunehmender Individualisierung oder Abgrenzung. Deswegen wirft man den Frauen implizit seelische Unreife vor, denn sie definieren ihr Leben ja aus den Beziehungen zu anderen. Männer hingegen, heißt es, sind seelisch reifer, weil sie ihr Leben aus ihrer Abgrenzung von anderen definieren. Im Extrem ist wohl beides ungesund.

Frauen bekommen jedoch nicht immer die Stärkung, emotionale Zuwendung und Nähe, die sie von den anderen brauchen. Dies passiert vor allem in Beziehungen mit Männern, denen man nicht

---

* Jean Baker Miller: Toward a New Psychology of Women, 2nd edition, Boston, Beacon Press, 1988, S. 156

beigebracht hat, sich hegend und emotional zuwendend zu zeigen. Einerseits hat man die Frau von klein auf zwar dazu erzogen, Unterstützung zu gewähren und zu helfen, ihr andererseits jedoch nicht gesagt, daß sie ja direkt einfordern könnte, was sie für sich an emotionaler Unterstützung will und braucht.

Darüber hinaus werden Frauen zu übertriebener Verantwortlichkeit und Fürsorge für andere angehalten. Man erwartet von ihnen, daß sie sich bereitwillig opfern: für ihre Familie und für alle Menschen, die ihr besonders nahestehen. Die Frauen werden unweigerlich ihr Selbst verlieren, wenn diese Art der sozialen Anpassung obendrein die Spielregeln der kranken Familie, Schule oder Kirche befolgt, die »Nestbeschmutzung« bestrafen und das gesunde Selbstvertrauen untergraben. Dann versucht die co-abhängige Frau, ihren Lebenssinn in Beziehungen und Verbundenheit zu entdecken, während sie gleichzeitig ihre ganze Aufmerksamkeit nur auf die Wünsche, Bedürfnisse und Probleme der anderen richtet. Sie hat kein Zentrum mehr, keine Verbindung zum inneren Selbst und zur Welt des unmittelbaren Fühlens, denn dort liegen ja gerade der Schmerz und die Unsicherheit verborgen, die vermieden und geleugnet werden. Für sie kann es weder gesunde Verbundenheit noch eine befriedigende Beziehung geben.

Wenn Sie nicht mit Ihrer »inneren Stimme« verbunden sind, also Ihre eigenen Bedürfnisse und Gefühle weder kennen noch befolgen, dann können Sie auch nicht ehrliche Verbindungen mit anderen eingehen oder von den anderen erwarten, daß diese Ihre »Stimme« oder Ihre Bedürfnisse und Gefühle für Sie wahrnehmen. Carol Gilligan hat in ihrem Buch »In a Different Voice« eine wahre Fundgrube zu diesem Thema aufgetan; man kann eine Menge daraus lernen.

Will sie berufstätig sein, wird die Frau mit Vorliebe in soziale und helfende Berufe gedrängt. Im allgemeinen steuert sie weniger konsequent eine Führungsposition an und ist nicht bereit, auf Kosten ihrer familiären Verpflichtungen allzu viel Zeit zu opfern. Häufig hört man, daß diese Verhältnisse sich gerade in unserer Zeit änderten. Das stimmt keineswegs, denn wir erleben gegenwärtig weniger eine Wandlung des geschlechtsspezifischen Rollenverhaltens als vielmehr eine Art Rollen-Inflation.

Das heißt, man erwartet von der Frau, nicht nur zu tun, was sie schon immer getan hat, nämlich putzen, kochen und die Kinder betreuen, sondern geht nun davon aus, daß sie darüber hinaus auch finanziell zum Haushalt beiträgt und sich außer Haus durch sinnvolle Interessen und Engagements selbstverwirklicht. Ihr Streß hat zugenommen, und sie hat nun noch viel weniger Zeit für sich als früher, um in sich hineinzulauschen und sich ihres Selbst bewußter zu werden. Sie erfährt, was Harriet Lerner als zunehmende Selbstverleugnung beschreibt. Sie verliert sich.

Jede Frau hat in ihrer Jugend beobachtet, wie die Mutter zugunsten anderer Mitglieder der Familie auf das schöne neue Kleid verzichtete, wie sie sich erst an den Tisch setzte, nachdem die anderen bedient waren, wie sie alle häuslichen Pflichten erfüllte. Frauen werden auf Co-Abhängigkeit geradezu trainiert - sie sollen vornehmlich fremde Bedürfnisse befriedigen und sich selbst zu kurz kommen lassen.

Im Extremfall vernachlässigt die Frau permanent sich selbst - bis zur Verbitterung und Unzufriedenheit. Oft zeigt sie ihre Wut und Verletztheit nur indirekt, indem sie sie in der Beziehung ausagiert. Da Beziehungen für sie so ungeheuer wichtig sind, verschafft sie ihrem Groll auch über die Beziehung Luft: durch Sticheleien, Dazwischenreden, Beschützerinstinke und passive Aggression. Sie zahlt es dem anderen heim - leider ohne reinigendes Gewitter.

In »Zärtliches Tempo« spricht Lerner ausführlich über Unterfunktionieren und Überfunktionieren. Unterfunktionieren heißt: nicht für das eigenen Leben, die eigenen Gefühle, den eigenen Beruf, die eigenen Handlungsimpulse verantwortlich sein wollen; stattdessen überläßt man anderen die Entscheidung. Überfunktionieren bedeutet: an alles denken, für anderer Leute Angelegenheiten die Verantwortung übernehmen, sich um alles kümmern.

Fast jeder sieht ein, daß Unterfunktionierer sich ändern müssen, denn sie wirken schwach oder bedauernswert. Daß aber auch den so ungemein tüchtigen Überfunktionierern eine Wandlung gut täte, das ist nicht so leicht zu sehen. Der Schlüssel ist, daß Überfunktionierer und Unterfunktionierer einander brauchen, und daraus entsteht das ungesunde Ungleichgewicht. Überfunktionierer müssen Männer oder Frauen finden, die die Kontrolle über ihr Dasein bereitwillig aus der Hand geben; Unterfunktionierer müssen jemanden finden, der sich um sie kümmert. Sie passen zueinander.

Emotional überfunktionierende Frauen wahren ihre Machtposition, indem sie zu Hause und am Arbeitsplatz die Beschützerin und gute Samariterin spielen; wahrscheinlich sind sie auch für den Gefühlshaushalt ihrer Beziehung zuständig. Aber auch unterfunktionierende Frauen »sorgen gut« für ihren Partner, und zwar, indem sie sich völlig passiv verhalten, ihn alles entscheiden, für beide sprechen und alles bestimmen lassen. Die unterfunktionierende Frau muckt nicht auf, wehrt sich nicht gegen die Respektlosigkeit, die unzumutbaren Ansprüche oder die Nachlässigkeit ihres Mannes. Sie betrachtet Nachgeben als ihre Pflicht, damit der häusliche Frieden gewahrt bleibt, damit ihr Mann zu Hause seine Ruhe finden kann, damit alles weitergeht wie bisher.

Wenn Sie zu den Überfunktionierern gehören, sind Sie vielleicht (aber nicht unbedingt) das erste Kind gewesen. Sie sind eingesprungen, wenn Vater, Mutter oder eines Ihrer Geschwister mit irgend etwas nicht fertig wurden. Und bei der Rolle sind Sie dann geblieben. Sie schlagen sich vermittelnd oder zur Bereinigung der Situation in die Bresche, Sie sind die Rettung in der Not. Da Überfunktionierer im allgemeinen gut zurechtkommen, übersehen sie und andere sehr leicht ihre wahren Bedürfnisse und Probleme. Wenn Sie dann hart auflaufen oder zu lange auf Hochtouren funktioniert haben, können Sie tief fallen.

Vor ein paar Jahren war ich unglaublich aktiv: ich habe unterrichtet, in meiner Praxis therapeutisch gearbeitet und an der Universität zusätzlich Verwaltungsaufgaben übernommen. Damit nicht genug:

ich wollte vielleicht meinen Arbeitsplatz wechseln, bewältigte zu Hause eine Familienkrise und gab Vorträge und Workshops auf den verschiedensten Tagungen und Konferenzen, natürlich über das ganze Land verstreut; obendrein offenbarte mir eine gute Freundin ihre Selbstmordgedanken. Ich wollte die perfekte Ehefrau, Professorin, Therapeutin, Verwaltungsrätin, Tochter, Enkelin, Freundin, Workshop-Leiterin und Vertreterin sein - und zwar alles auf einmal. Ich mußte zuviele Rollen gleichzeitig ausfüllen und hatte mir derart viel Streß zugemutet, daß ich unmöglich ausgeglichen und gesund bleiben konnte.

Ich wurde so schwer krank, wie ich es in meinem ganzen Leben noch nicht gewesen war. Ich war dermaßen geschwächt, daß ich gezwungen war (und ich meine: gezwungen), drei Wochen im Bett zu bleiben. Einzig diese Krankheit und völlige Erschöpfung konnte mich von meinen vermeintlichen Pflichten abhalten. Ich war zu schwach zum Lesen, Fernsehen, Reden, Essen, ja konnte mich nicht einmal richtig bewegen. Mir blieb nichts anderes übrig, als zu schlafen oder mit geschlossenen Augen nachzudenken.

In der ersten Woche bildete ich mir noch starrsinnig ein, daß ich alle meine selbstauferlegten Pflichten bewältigen konnte. Dann jedoch konnte ich mich nicht länger der Einsicht in die Notwendigkeit grundlegender Veränderungen in meinem Leben verschließen. Ja, ich wollte wirklich viel zuviel auf einmal schaffen. Einige Pflichten mußten abgestoßen werden, damit Arbeit und Freizeit wieder in ein vernünftiges Gleichgewicht kämen. Außerdem wurde mir bewußt, daß ich mein Amt in der Universitätsverwaltung niederzulegen hatte und mich auf das beschränken mußte, was ich auch wirklich gern tat, nämlich therapeutisch arbeiten und unterrichten. Das tue ich auch heute noch und bin seitdem nicht mehr krank gewesen.

Bei den Unterfunktionierenden findet man relativ viele mittlere und jüngste Kinder, die gewöhnt sind, daß andere sich um sie kümmern. Wenn Sie zu den Unterfunktionierenden zählen, haben Sie schon früh im Leben gelernt, Ihre starken und durchsetzungsfähigen Seiten zu verbergen und an deren Stelle mit dem Bild des bedürftigen, hilflosen oder naiven Kindchens auf sich aufmerksam zu machen. Aus Erfahrung konnten Sie sich auf das Einspringen und den praktischen Beistand eines Elternteils oder eines Ihrer Geschwister verlassen (vielleicht ein Überfunktionierer), wenn Sie sich unfähig fühlten, eine bestimmte Aufgabe oder Herausforderung zu meistern. Unterfunktionierer »sehen schlecht aus« und bekommen sehr viel Aufmerksamkeit; trotzdem kommt auch in ihnen dieselbe Dynamik des Vermeidens zum Tragen: das innere Selbst wird geleugnet. Unterfunktionierer übertragen anderen die Entscheidungsgewalt. Sie sind ihren inneren Gefühlen und Träumen entfremdet und wissen nicht recht, was sie brauchen und wollen.

Rebecca ist achtundzwanzig und steht kurz vor ihrem Universitätsabschluß. Sie sieht jünger aus, als sie ist, hat einen eher kindlichen, verführerischen Charme. Bisher war sie meistens mit erheblich älteren Männern zusammen, die in der Regel keine langfristige Bindung eingehen konnten (in der Mehrheit mit einer anderen Frau verheiratet) und emotional verletzlich erschienen. Meistens suchte sich Rebecca einen zahlungskräftigen Partner, um sich von ihm finanziell unterstützen zu lassen; außerdem leistete er Entscheidungshilfe bei der weiteren Planung ihrer akademischen Laufbahn und bei der Jobsuche und stellte ihr eine Wohnung zu Verfügung. Im Gegenzug wurde er abhängig von den Hilfeleistungen für sie, vielleicht auch von der Intimität ihrer sexuellen Beziehung. Dann dauerte es nicht lange, bis Rebecca die Beziehung anödete und schließlich auf die Nerven ging, so daß sie sich erst einen anderen Mann suchte, um danach den alten endgültig zu verlassen.

In der Thearpie begann Rebecca, ihre Verhaltensmuster zu durchschauen, an ihrem mangelnden Selbstvertrauen zu arbeiten und ihre Stärken wahrzunehmen, die sie bisher nicht berücksichtigt hatte. Sie beschloß aus eigenem Antrieb, endlich ihr Graduiertenprogramm hinter sich zu bringen und dann in eine andere Stadt zu ziehen, wo sie größere Chancen auf eine Stelle in ihrem Feld hatte. Sie erkannte, daß die ausschließliche Projektion von Naivität und

Hilflosigkeit ihr nur Beziehungen einbringen, die sie auf Dauer nicht befriedigen.

Über- oder Unterfunktion erfassen nicht notwendigerweise alle Lebensbereiche oder Bereiche der Beziehung. So kann es durchaus passieren, daß eine Frau zwar eine überfunktionierende Mutter ist, als Frau aber unterfunktioniert. In einer Beziehung agieren die beiden Partner vielleicht jeweils einander ergänzende Arten der Über- oder Unterfunktion aus (so ist einer vielleicht peinlich sauber und achtet auf Ordnung im Haus, während der andere zur Schlampigkeit neigt und am liebsten alles auf morgen verschiebt). Und deswegen brauchen sie einander zur Wahrung des ungesunden Gleichgewichts.

Entwickelt sich einer von ihnen zu größerer seelischer Gesundheit, wird damit das gesamte System erschüttert, und entweder verändert sich auch der andere Partner zu seinem Vorteil oder verläßt die Beziehung. Überfunktionierer fühlen sich meist zuerst bedroht, aber dann staunen sie und freuen sich, wenn eine Unfähigkeit ihre gewöhnlich überverantwortliche Leistungsfähigkeit durchkreuzt, schließlich ihr unterfunktionierender Partner einspringt und obendrein alles bestens erledigt. Auch der Unterfunktionierende ist nicht wenig erstaunt und erfreut zu sehen, wie er die Sache erfolgreich in die Hand nimmt.

Helfende und soziale Berufe

Wer in einem helfenden oder sozialen Beruf tätig ist, wurde ausdrücklich dazu ausgebildet, dem anderen mitfühlend und fürsorgend zu begegnen. TherapeutInnen, SozialarbeiterInnen, Krankenschwestern und -pfleger, PfarrerInnen, Priester und viele andere sozial tätige Frauen und Männer haben ihren Beruf auf Grund der Rollen gewählt, in die sie in ihren eigenen funktionsgestörten Familien gedrängt worden waren.

Alle im weistesten Sinn sozial Tätigen sind darauf spezialisiert, andern ein wenig von ihrer Last abzunehmen und bis zu einem gewissen Grad ihre Bedürfnisse zu befriedigen. Wie die meisten Co-Abhängigen neigen sie dazu, sich mehr für den anderen als für sich selbst einzusetzen. Sie arbeiten und/oder leben in einer besonders streßreichen Situation und vernachlässigen sich nicht selten sträflich. Viele sind so sehr damit beschäftigt, anderen zu helfen, daß sie selbst vereinsamen. Frauen und Männer, die in einer Alkoholiker-Familie aufgewachsen sind, stellen in allen Sparten der Sozialarbeit einen unverhältnismäßig hohen Prozentsatz der Beschäftigten und sind selbst co-abhängig. So fand Timmen Cermak zum Beispiel bei der Befragung eines repräsentativen Querschnitts heraus, daß allein in Kalifornien 60 % der im weitesten Sinn sozial tätigen Frauen und Männer aus Alkoholiker-Familien stammen. In diesem Kapitel spreche ich zwar vornehmlich SozialhelferInnen und TherapeutInnen an, aber die Aussagen lassen sich natürlich leicht auf andere soziale Tätigkeiten übertragen, so daß die praktischen Vorschläge jeder Frau und jedem Mann in der relevanten Situation weiterhelfen können.

Bleiben die eigenen Grenzen nur verschwommen definiert und spezielle Behandlungsmethoden für Suchtkrankheiten unbekannt, wird der oder die co-abhängige HelferIn kaum erkennen, wenn eine Klientin oder ein Klient das Suchtverhalten des Mannes, der Frau, von Partner oder Partnerin, Freund oder Freundin ermöglicht oder unbewußt unterstützt. Dann werden Sie nicht gleich durchschauen, wie schädlich das Verhalten Ihrer duldsamen Klientin oder Ihres unbewußt suchtfördernden Klienten sich auf die Beziehung auswirkt: daß es eigentlich eine treibende Kraft von Alkoholismus, Tabletten- oder Rauschgiftsucht, Eßstörungen oder einer anderen Suchtkrankheit darstellt. Vielleicht merkt der Pfarrer, daß der Gatte einer Frau in seinem Gemeinderat ein Alkoholiker ist, der auch vor Mißhandlung und Mißbrauch nicht zurückschreckt, wird seiner Mitarbeiterin aber trotzdem zu Geduld, Verständnis und Gebet ermahnen - und damit die Familie gefährden und zulassen, daß sich die Gewalt und der Kreislauf des Schmerzes und seiner Leugnung noch weiter verschlimmern.

Mona war Sozialhelferin. Sie erzählte mir, daß sie zu Beginn ihrer Tätigkeit bei jeder Beratung grundsätzlich das Steuer in die Hand nehmen wollte. Sie wollte für ihre KlientInnen bestimmen, wohin die Reise zu gehen hatte und außerdem festlegen, auf welchem Weg dies zu erreichen wäre. Mona glaubte felsenfest an ihre Aufgabe zu heilen, ganz gleich wie krank oder unwillig die per Gerichtsbeschluß zu ihr überwiesenen KlientInnen auch sein mochten. Es dauerte einige Jahre, bis sie ihre eigentlich Aufgabe verstand: sie war nur Beifahrerin, und die Klientin oder der Klient mußten selbst entscheiden, wie schnell oder langsam sie sich entwickeln wollten. Klientin oder Klient wachsen am besten über die Erkundung der eigenen Gefühle und Gedanken - ohne die Werturteile, die unvermeidbar sind, wenn die Therapeutin oder der Therapeut die Entwicklung kontrollierend steuern wollen.

Der Wunsch nach Zustimmung

In einem helfenden Beruf können Sie Ihre eigenen Muster der Co-Abhängigkeit sehr leicht und über die verschiedensten Verhaltensweisen in Ihre Arbeit hineintragen. Wenn Sie zum Beispiel auf Zustimmung angewiesen sind und Fehlverhalten sträflich lange tolerieren, vermeiden Sie wahrscheinlich jede Auseinandersetzung, so gut es eben geht. Sie werden dem aggressiven Klienten nicht entschieden begegnen, wenn er Ihnen die Schuld an seinen eigenen Problemen zuschiebt. Sie werden den offenen Konflikt lieber vermeiden und seine Notwendigkeit leugnen, auch wenn die Auseinandersetzung mit dem Klienten eigentlich nicht länger aufgeschoben werden dürfte, weil er zum Beispiel ernsthaft eine stationäre Behandlung seiner Suchtkrankheit in Erwägung ziehen müßte. Vielleicht reden Sie sich dann ein: »Für diesen Vorschlag ist er noch nicht reif.« Ihre Entscheidung jedoch basiert nicht allein auf einer sachlichen Einschätzung, sondern zum großen Teil auf Ihrer Konfliktangst. Vielleicht können Sie nicht mit der befürchteten Reaktion der Ablehnung oder Wut umgehen und die Bedürfnisse Ihrer KlientInnen in der Behandlung deswegen auch nicht vollkommen offen und ehrlich wahrnehmen.

Ehrlichkeit

Sollten Sie und Ihr(e) Klient(in) beide unter dem Syndrom der Co-Abhängigkeit leiden, werden sie wahrscheinlich auch beide vor vollkommener Ehrlichkeit zurückschrecken. Das nötige Vertrauen kann sich aber nur dann einstellen, wenn sowohl Sie als auch Ihr(e) Klient(in) bereit sind, ganz offen zu sagen, was Sie in jedem Augenblick der gemeinsamen Interaktion fühlen.

Der co-abhängige Klient hält sich dann wahrscheinlich zurück und fragt nicht nach dem ehrlichen Urteil oder der exakten medizinischen Diagnose, weil er Angst davor hat, belogen oder mit einer oberflächlichen Bemerkung abgespeist zu werden. Der co-abhängige Therapeut hingegen will vielleicht nicht sagen oder zeigen, wenn er verärgert oder wütend ist.

Unzureichende Abgrenzung

Gelingt es dem/der TherapeutIn nicht, ihr/sein Bedürfnis nach Freundschaft oder Kontrolle von den therapeutischen Bedürfnissen ihrer Klienten zu trennen, wird er/sie erstens seine/ihre eigenen Grenzen nicht klar genug definieren und zweitens auch nicht die Grenzen ihrer Klienten und Klientinnen ausreichend respektieren.

Ich kannte eine Therapeutin, die sich mit ihren Klienten und Klientinnen auf   Tauschgeschäfte einließ. Einmal ließ sie zwei einander unbekannte Klienten bei sich zu Hause alle Holzverkleidungen lackieren und auf diese Weise eine Reihe von Therapie-Sitzungen entgelten. Dabei schwatzte sie ganz gesellig mit den beiden in Lackierer verwandelten Klienten, befriedigte auf diese Weise ihr Bedürfnis nach Freundschaft und wahrte die Kontrolle über beide Männer, denn schließlich überwachte sie ihre Lackierarbeiten.

Diese dauerten mehrere Tage, viel länger als die normale Therapie-Sitzung. Am Ende fühlten sich die Klienten ausgenützt und waren wütend auf ihre Therapeutin. Nach ihrem Gefühl hatten sie der Therapeutin mehr gegeben als diese ihnen, während die Therapeutin davon überzeugt blieb, sie hätte ihren Klienten mit Tauschgeschäft und freundschaftlichem Plausch doch einen Riesengefallen erwiesen.

Durch ihre Mißachtung einer klarer Bestimmung der für den therapeutischen Prozeß notwendigen Grenzen war eine für Therapeutin und Klienten gleichermaßen schmerzliche Situation entstanden.

Ablösung

In einem helfenden Beruf will man im allgemeinen helfen, andere dazu ermutigen, einen eigenen Weg, eigene Antworten und den eigenen Lebensstil zu finden. Der co-abhängige Therapeut wird jedoch vielleicht das Ende der Behandlung unnötig hinauszögern, obwohl dies nicht im besten Interesse des Klienten liegt.

Wenn Sie professionell therapeutisch arbeiten, gleichzeitig jedoch Ihr eigenes Bedürfnis nach Freundschaft und Nähe aus irgend einem Grund unerfüllt geblieben ist, können Sie sich unter Umständen nicht so von Ihren Klientinnen und Klienten ablösen, wie Sie es auf Grund Ihrer beruflichen Verpflichtung eigentlich müßten. Sie könnten in Versuchung geraten, die Behandlung einfach nur deswegen fortzusetzen, weil Sie die Beziehung zur Befriedigung Ihrer eigenen Bedürfnisse fortsetzen möchten. Jede Therapeutin und jeder Therapeut kann zuweilen nicht mehr klar unterscheiden, ob eine therapeutische Beziehung hauptsächlich ihren eigenen Bedürfnissen entgegenkommt oder ob sie die Klientin oder den Klienten tatsächlich zu größerer Selbstsicherheit und Unabhängigkeit führt.

Verantwortung

Sollten Sie als TherapeutIn oder SozialarbeiterIn die Frage der Verantwortlichkeit für sich selbst erst noch zu klären haben, kommen Sie leicht in die Verlegenheit, daß Sie sich für andere verantwortlich fühlen, anstatt sich durch Rückbesinnung auf die eigene unmittelbare Wahrnehmung sich selbst und dem anderen gegenüber verantwortlich zu zeigen. Sie fühlen sich vielleicht verpflichtet, Ihrer Klientin oder Ihrem Klienten Antworten, Lösungen oder ausgearbeitete Vorschläge zur weiteren Lebensführung zu geben. Oder Sie versuchen zu schützen, kontrollieren und retten, wo Sie sich besser darauf beschränkten, Ihre Meinungen und Empfindungen zum Ausdruck zu bringen. Von einem Klienten um eine Entscheidung oder Problemlösung gebeten, wird der co-abhängige Therapeut nur schwer widerstehen können. Dabei obliegt es doch dem Klienten, sich zu ändern. Ihre Einsichten und Strategien können ihm diese Aufgabe nicht abnehmen, ganz gleich, wie brillant sie in sich auch sein mögen.

Kürzlich las ich in einer Fachzeitschrift einen aufschlußreichen Artikel über einen Therapeuten und seine Klienten, die zur Eheberatung zu ihm gekommen waren.* Im Verlauf einer Gemeinschaftssitzung beschwerte sich die Frau, daß der Mann ihr nicht beim Abwaschen half. Das war zwar nur eines von den vielen Dingen, die die Partner einander vorwarfen, doch beschloß der Therapeut, gerade diesem auf den Grund zu gehen. Rückwirkend ist er sich nun seiner folgenden Fehler bewußt. Vor allem hatte er sich nicht genau überlegt, wohin das Aufarbeiten dieses besonderen Vorwurfs eigentlich führen sollte, sondern war nur von seiner festen Überzeugung ausgegangen, daß Männer unbedingt im Haushalt mithelfen sollten. Ebenso felsenfest glaubte er, man sollte ausnahmslos in jeder Situation offen seine Gefühle artikulieren.

---

*in bearbeiteter Form von einem Artikel von Max H. Hines übernommen: »Whose Problem Is It?«, Journal of Counseling and Development, 67:2, 1988, S.106

Deswegen bat er den Mann zuzuhören, während die Frau sagen durfte, wie sie seine Hilfsverweigerung beim Abwaschen empfand. Je mehr sie sich ihren Zorn von der Leber redete, desto hartnäckiger bestand der Mann darauf, ihr niemals mit dem Geschirr zu helfen. Je mehr er sich aber weigerte, desto verletzter und wütender wurde sie. Doch damit war noch längst nicht der Endpunkt dieser explosiven Interaktion erreicht: Je verletzter sie nämlich schien, desto mehr stellte der Therapeut den Mann in Frage: Aus welchem Grund er seine Frau wohl derartig kränken mußte? Des Therapeuten immer eindringlichere Appelle zur Verhaltensänderung an den Mann trafen auf dessen immer entschiedenere Ablehnung, bis der Therapeut sich, vor dem Widerstand kapitulierend, schließlich vollkommen machtlos und der Situation nicht gewachsen fühlte. Er suchte sogar zur Manipulation Zuflucht: der Mann sollte der Frau endlich entgegenkommen, um mit seinem Einlenken den Therapeuten vom Gefühl der Peinlichkeit zu befreien.

Zur großen Erleichterung des Therapeuten war die Stunde endlich um. Er fühlte sich dem Mann nicht gewachsen, würde ihn niemals zur Änderung bewegen können und hatte den Eindruck, daß er den Anforderungen und Belastungen der therapeutischen Arbeit niemals gewachsen wäre. Er war fix und fertig, so als müßte er sich gleich übergeben. Er brauchte einige Zeit, bevor er das Geschehen im Gespräch mit seinem eigenen Therapeuten verstehen konnte. Er hatte versucht, die Frau zu retten, und begriff im nachhinein, daß er sich dabei rücksichtslos, manipulativ und willkürlich lenkend eingemischt hatte. Er war blind von der Unfähigkeit seiner Klienten ausgegangen, die ihre Probleme ja doch niemals selbst würden lösen können. Er hatte sich eingebildet, daß er ihre Probleme schon irgendwie für sie lösen könnte und sollte - während sie dabeisaßen und zuschauten.

Humor

Wenn sie das Leben fürchterlich ernst nehmen und nicht spontan und spielerisch aus sich herausgehen können, wird Ihnen auch in der Behandlung der Sinn für Humor fehlen. Sie können nicht ungezwungen damit umgehen. Humor ist jedoch ein wichtiges Bindeglied in der zwischenmenschlichen Beziehung. Ihr Unvermögen kann für Ihre Klientinnen und Klienten von Nachteil sein.

Während eines Gesprächs erzählte eine Klientin ihrem Therapeuten von ihren Selbstmordgedanken, ja am liebsten würde sie gleich hier bei ihm aus dem Fenster springen. Das Sprechzimmer lag im ersten Stock. Der Therapeut antwortete: »Ich glaube kaum, daß das reichen wird.« Die Klientin mußte lächeln. Danach konnten sie unbelastet miteinander über ihre ambivalenten Gefühle sprechen und klären, welche Faktoren dazu beitrugen, daß sie mehr an der Wirkung eines Selbstmordversuchs auf ihre Mitmenschen interessiert war als daran, ihr Leben tatsächlich zu beenden.

Verständnisbereitschaft

Wenn Sie sehr verständnisvoll sind und unangebrachtes Verhalten über ein vertretbares Maß hinaus tolerieren, werden Ihre Klientinnen und Klienten Ihr Entgegenkommen unter Umständen mißbrauchen. - Sie werden Sie während der Sitzung vielleicht beschimpfen und beleidigen, Sie mehrmals in der Woche anrufen und um Hilfen bitten, die man beim besten Willen nicht mehr als Notfall deklarieren kann, oder sie bezahlen nicht oder versäumen immer wieder ihre Termine. Akzeptieren Sie dieses Verhalten, weil Sie nach Ihrem Selbstverständnis als Therapeutin oder Therapeut eben verständnisvoll zu sein haben, werden Sie am Ende nur noch völlig ausgelaugt und wütend sein, während Ihre Klientinnen und Klienten ihr Fehlverhalten auch weiterhin unbeeindruckt ausleben.

Gefragt ist hier Ihre gesunde Reaktion, die Ihren Willen zum Selbstschutz demonstriert. So wahren Sie Ihre persönliche Intimsphäre: indem Sie Grenzen setzen, unzweideutig zum Ausdruck bringen, daß unvertretbares Verhalten Konsequenzen haben wird - und natürlich, indem Sie Ihre eigenen Gefühle offen zeigen. Mit diesem Verhalten werden sie Ihren Klientinnen und Klienten zu verstehen geben, daß Sie wie alle anderen Ihre persönlichen Grenzen haben, auf deren Einhaltung sie achten. Damit schaden Sie niemandem, sondern liefern ein positives Identifikationsmodell.

Dreieckbildung

Bei Ehe- und Partnertherapie und -Beratung kann es zur Dreieckbildung kommen. Wenn Sie co-abhängig und gleichzeitig therapeutisch tätig sind, werden Sie vielleicht mit den Paaren in Ihrem Sprechzimmer in dieselbe vermittelnde Rolle schlüpfen, die Sie früher zu Hause in der Familie gespielt haben, als Sie den Streit zwischen Vater und Mutter schlichten mußten. Sie müssen als indirektes Bindeglied für die Kommunikation des Paares herhalten, während die Partner auch weiterhin vermeiden, dem anderen ins Gesicht zu sagen, was sie fühlen und empfinden.

Ein Ehepaar in meiner Behandlung begann nach der dritten Sitzung, mich in ein Beziehungsdreieck hineinzuziehen. Sie riefen jeder für sich bei mir zu Hause an und baten mich um meinen Rat zum bevorstehenden Feiertagswochenende. Obwohl wir dieses Thema in der Woche davor in der Therapiestunde behandelt hatten, wollte jeder, anstatt direkt mit dem anderen zu kommunizieren, unbedingt nochmals allein mit mir darüber sprechen und mich bitten, dem anderen zu sagen, was zu tun sei. Ich ließ mich darauf nicht ein, sondern empfahl nur, sie sollten jeder für sich herausfinden, was das beste für sie wäre, und es dann dem anderen sagen.

Wenn Sie Ihre therapeutische Aufgabe nicht mit ausreichender Klarheit definieren, können Sie leicht zum Vermittler zwischen Partnern werden, die direkte Kommunikation gern vermeiden möchten.

Sich ändern, aber wie?

In »Zärtliches Tempo« sagt Harriet Lerner: »Sie können davon ausgehen, daß zwei Dinge sich niemals ändern werden. Was sich niemals ändern wird, sind der Wille zur Veränderung und die Angst vor der Veränderung. Der Wille zur Veränderung motiviert uns, Hilfe zu suchen. Die Angst vor der Veränderung motiviert uns zum Widerstand gegen eben diese Hilfe.« Das erfahre ich fast jeden Tag mit meinen Klientinnen und Klienten, wenn sie bei mir Hilfe für ein erfüllenderes Leben suchen. Ein Teil dieses Widerstandes zeigt sich in ihrem Bedürfnis herauszubekommen, wie sie andere vielleicht ändern könnten. Manchmal scheinen unsere Stärken auch gleichzeitig unsere Schwächen zu sein. Deswegen ist es für Sie wichtig, daß Sie neben den negativen auch die positiven Seiten Ihrer Muster der Co-Abhängigkeit wahrnehmen und würdigen. Je mehr es Ihnen gelingt, die positiven Aspekte zu erkennen und zu würdigen, desto leichter wird Ihnen wahrscheinlich die Änderung der negativen Aspekte fallen.

Da co-abhängige Strukturen erlernt wurden, kann man sie auch wieder verlernen. Man kann sich anders verhalten und das Leben damit befriedigender und erfüllender gestalten. Sie können Ihre erlernten und anerzogenen Verhaltensmuster transformieren. Sie haben die Kraft, die Gewinne und Verluste hinzunehmen, die sich einstellen, wenn Sie Ihr Leben endlich selbst in die Hand nehmen. Wenn Sie sich aus Ihren co-abhängigen Mustern lösen möchten, steht es Ihnen immer offen, die zu verändernden Verhaltensstrukturen Tag für Tag, das ganze Leben lang locker und unvoreingenommen zu beobachten. Die Veränderung kann sich als fortwährender und erfüllender Weg offenbaren, und es gibt sogar spezifische Dinge, die Sie zu ihrer Unterstützung tun können.

Zuerst hilft es, wenn Sie erkennen und akzeptieren, daß Sie sehr wohl das Recht haben, die Regeln umzuschreiben. Es ist okay, wenn

Sie Ihr Verhalten ändern möchten, und es ist okay, wenn Sie für den Ablöse- und Heilungsprozeß äußere Hilfe in Anspruch nehmen: durch eine Therapie, bei den anonymen Alkoholikern, in Selbsterfahrungsgruppen oder wo auch immer Sie die Hilfe finden, die Sie brauchen. Früher sind Sie vielleicht davon ausgegangen, daß Sie die Regeln nach Belieben mißachten könnten. Jetzt hilft es Ihnen zu lernen, daß Ihnen erlaubt ist, die Regeln zu verändern.

Als kleines Kind haben Sie Regeln gelernt und anerzogen bekommen, die dem Selbst nicht erlaubten, eine gesunde, in sich ruhende Persönlichkeit mit gesundem Selbstvertrauen zu werden. Wenn Sie die Regeln umschreiben, werden Sie die Kraft der Selbsterkenntnis wiedergewinnen: Sie werden wieder an sich glauben und sich selbst anerkennen. Melody Beattie macht in ihrem Buch »Die Sucht, gebraucht zu werden« eine Reihe von Vorschlägen für neue, gesunde Lebensregeln:

○ Ich darf fühlen, was ich fühle, und darüber offen sprechen, wenn ich möchte und es angemessen und die Situation ungefährlich ist.

○ Ich kann eigenständig denken, sinnvoll entscheiden und Zusammenhänge durchschauen.

○ Ich darf Probleme haben, sie diskutieren und lösen.

○ Ich bin okay, wie ich bin.

○ Ich darf Fehler machen, unvollkommen sein, manchmal auch schwach und nicht ganz brav, gelegentlich gut und zuweilen großartig.

○ Ich darf ab und zu selbstsüchtig sein, mich durchsetzen und sagen, was ich brauche und will.

○ Ich darf anderen etwas geben, aber ich darf auch etwas für mich selbst tun.

- Ich darf gut für mich sorgen. Ich darf »Nein« sagen und Grenzen setzen.

- Ich darf Spaß haben, manchmal auch über die Stränge schlagen und mein Leben genießen.

- Ich weiß genau, wem ich vertrauen kann. Gleichzeitig kann ich mir selbst und der höheren Macht der Lebenskraft vertrauen.

- Ich kann im rechten Maß verletzlich sein.

- Ich kann ehrlich und direkt sein.

- Ich darf den Menschen meiner Wahl sehr nahe sein.

- Ich kann mich entwickeln und verändern, selbst wenn ich dabei »Ärger mache« oder »das Nest beschmutze«.

- Ich darf lieben und geliebt werden. Ich darf mich lieben, weil ich liebenswert bin. Ich bin für mich und andere gut genug.

Selbst wenn sich die neuen Verhaltensweisen zu Beginn nicht absolut angenehm anfühlen, ist das nicht weiter schlimm. Auch das ist okay. Sie können es trotzdem schaffen. Sie können selbst die Initiative ergreifen und sich in Ihrem Tempo ändern. Sie dürfen sich zu Heilung und Gesundheit ermächtigen. Uter der Bedingung, daß Sie sich an die Regeln der Rechtschaffenheit, Anerkennung, Akzeptanz, Selbstermächtigung, Selbstpflege und Liebe halten.

Sie müssen zu Ihrer eigenen Expertin oder zu Ihrem eigenen Experten werden. Ist es nicht seltsam, daß Sie vielleicht anderer Leute Verhalten exakt voraussagen können, wissen, was diese brauchen oder wie sie sich fühlen? Kann sein, daß es für Sie an der Zeit ist, wieder zu sich selbst zu finden. An anderer Stelle habe ich das Problem der Selbstentfremdung angesprochen: Sie hören nicht auf Ihre »innere« Stimme; Ihren eigenen Wünschen und Bedürfnissen begegnen Sie desinteressiert wie ein Fremder. Um daran etwas zu ändern, müssen sie Ihre eigenen Gefühle, Bedürfnisse, Interessen und Ziele kennen wie eine Expertin oder ein Experte. Wenn Sie klar aussprechen möchten, was Sie von einem anderen Menschen wollen, oder eine intime Beziehung anstreben, müssen Sie unbedingt und eindeutig wissen, was Sie fühlen. Nur dann können Sie es auch mitteilen - und teilen.

Die Rücknahme der Fremdbestimmung oder -orientierung fällt besonders den Überfunktionierern schwer, die fest daran glauben, daß der andere ohne ihre Hilfe gar nicht leben kann. Wenn Sie sich unter dieser Voraussetzung mehr auf sich selbst besinnen, wird sich das Verhältnis zu den Ihnen nächsten Menschen kurzfristig nicht verbessern. Die neue Intimität und Nähe wird sich nicht sofort offenbaren. Langfristig werden Sie jedoch feststellen, daß Ihre Mitmenschen sich so positiv verändern wie sie selbst. Natürlich kommt es vor, daß die anderen sich gegen die neue seelische Gesundheit entscheiden. In diesem Fall wird man versuchen, Ihre positive Entwicklung rückgängig zu machen - oder man verläßt Sie, um einen anderen Menschen zu finden, der zuläßt, daß sich Suchtverhalten und Probleme fortsetzen. Sie handeln sehr mutig, wenn Sie sich in einer Beziehung für größere Gesundheit und ein ausgeglichenes Kräfteverhältnis entscheiden, denn man kann nie im voraus wissen, wie diese Veränderungen die Beziehung beeinflussen werden. Ein gesunde Beziehung hat die besten Überlebenschancen, wenn Sie auf sich selbst achten und zur Expertin oder zum Experten in allen Angelegenheiten Ihres inneren und äußeren Lebens werden.

Der erste Schritt besteht darin, daß Sie gut für sich selbst sorgen. Mit Ihrer Fürsorge für sich und Ihr Leben bringen Sie zum Ausdruck: »Ich bin für mich verantwortlich. Ich bin verantwortlich dafür, ob ich wirklich mein eigenes Leben führe oder nicht. Ich bin für die Beachtung meines emotionalen, physischen, spirituellen und finanziellen Wohlergehens verantwortlich. Ich bin dafür verantwortlich, meine Bedürfnisse zu erkennen und zu befriedigen. Ich bin für die Lösung meiner Probleme und für meine Entscheidungen verantwortlich. Was ich gebe und nehme, auch dafür bin ich verantwortlich - wie für die Setzung und Verwirklichung meiner Ziele.

Nie mehr abhängig sein

Sie sind keineswegs hilflos, sondern in der Lage, sich den Anforderungen zu stellen, die das Leben an Sie heranträgt. Mit Selbstausdruck und Selbstverantwortung müssen weder Schmerz noch Angst verbunden sein. Sie brauchen sich von Ihrer Umwelt und Ihren Mitmenschen nicht übertrieben abhängig zu machen. Allerdings gibt es auch keinen leichten und magischen »Instant«-Weg, der Sie über Nacht unabhängig macht. Fragen Sie sich zuerst:

Was brauche ich, um gut für mich zu sorgen?
und
Was muß ich noch dazulernen?

Verschiedene Wege führen zur Beantwortung dieser Fragen. In »Unabhängigsein - jenseits der Sucht, gebraucht zu werden« macht Melody Beattie einige praktische Vorschläge.

Schließen Sie Ihre Kindheitsgeschichte ab, so gut Sie können.

Überlassen Sie sich Ihrer Trauer. Sehen Sie die Dinge so, wie sie waren. Versuchen Sie dahinterzukommen, wie Kindheitsereignisse Ihr jetziges Verhalten beeinflussen. Vielleicht müssen Sie bei Ihrer Trauer an einem bestimmten Punkt der in Ihnen aufgestauten Wut Ausdruck verleihen. Später werde ich näher darauf eingehen, wie Sie im Verlauf Ihrer Trauer-Arbeit Ihre Wut so zum Ausdruck bringen, daß sie nicht noch mehr Schmerzen und Wut verursacht.

Betty erzählte mir, wie Sie mit ihrer Wut über einige Kindheitserlebnisse fertig wurde. Ihre Mutter hatte alle Hebel in Bewegung gesetzt, das Tun und Lassen ihrer drei Kinder kontrollierend zu gängeln. Betty lernte zu tun, was ihre Mutter von ihr wollte, und dachte nicht im Traum daran, dagegen aufzubegehren.

Obwohl mittlerweile in den Dreißigern, wußte sie nur selten, was sie eigentlich empfand oder fühlte - sie war sich selbst entfremdet. Sie hatte zwar bei regelmäßigen Gruppentreffen mit nunmehr erwachsenen Kindern aus Alkoholiker-Familien teilgenommen und war auch in Einzeltherapie gewesen, saß aber immer noch fest und brachte es einfach nicht über sich, ihre Wut hinauszuschreien. Schließlich meldete sich Betty für ein fünftägiges stationäres Programm zur Behandlung von co-abhängigem Verhalten.

Dort arbeitete sie intensiv mit zwei Therapeuten und sechs anderen Patienten an der Erweckung verschütteter Gefühle. An den ersten Tagen mußte sie sehr viel weinen. Dann schlug sie sich mit einem Schlagstock aus weichem Schaumstoff ihre Wut von der Seele. Sie prügelte mit dem Schläger auf alle möglichen Dinge ein, schrie, weinte und sprach laut aus, was sie früher ihrer Mutter hatte sagen wollen.

Nach dieser Erfahrung fühlte sie sich erleichtert und konnte sich und ihrer Mutter vergeben. Sie hatte sich von der tiefsitzenden Wut befreit, die sich früher nur indirekt in Verwirrung und Depressionen äußern konnte. Obwohl Betty sich auch weiterhin bewußt um unmittelbares, echtes Fühlen bemüht, hat sie doch immerhin genug losgelassen, damit der Prozeß überhaupt in Gang kommen konnte.

Es könnte darauf hindeuten, daß Sie gewisse Verkettungen aus einem Lebensabschnitt noch nicht verarbeitet und gelöst haben, wenn Sie immer wieder an bestimmte Ereignisse oder Zeiträume denken müssen. Wenn Sie sich lebhaft an Dinge erinnern, die Ihr Vater Ihnen gesagt oder angetan hat, sollten Sie in jedem Fall herausfinden, was diese für Sie und Ihre Geschichte bedeuten. Vielleicht müssen Sie auch gewisse Erfahrungen in ungefährlichem Rahmen nochmals durchmachen und loslassen, um sich endgültig von ihnen lösen zu können.

Pflegen und lieben Sie das ängstliche, verletzliche und bedürftige kleine Kind in sich.

Dieses Kind wird vielleicht nie verschwinden, ganz gleich, wie selbständig Sie werden. Streß kann dem Kind immer noch die Tränen in die Augen treiben. Kümmern sie sich nicht genug um dieses Kind, wird es sich vielleicht vollkommen unerwartet melden und Ihre Aufmerksamkeit einfordern. Freunden Sie sich mit Ihrem inneren Kind an, hören sie auf seine Bedürfnisse. Hegen und pflegen Sie es mit liebevoller Beachtung und indem Sie ihm das Gefühl der Sicherheit geben. Urteilen sie nicht zu hart über das Kind, das noch in Ihnen lebt.

Wenn das Kind in Ihnen böse wird, hören Sie ihm zu und sprechen mit einer Frau oder einem Mann Ihres Vertrauens über diese Wut. Überdenken Sie, ob Sie nicht irgend etwas tun könnten, damit sich das Kind sicherer und weniger verängstigt fühlt.

Janet war eine äußerst erfolgreiche Geschäftsfrau. Nicht nur die Nachbarn, sondern viele Mitbürger aus ihrem kleinen Ort suchten bei ihr Auskunft, Rat und emotionale Unterstützung. Nach außen hin trat sie selbstsicher auf wie eine starke Frau. Aber am Ende ihrer Trennung von ihrem Lebenspartner wurde sie plötzlich sehr traurig und ängstlich. Sie mochte am liebsten niemanden treffen und zog sich zurück, weil sie »in so einem fürchterlichen Zustand« nicht gesehen werden wollte.

Janet hatte im Alter von neun Jahren beide Eltern auf einmal verloren und war sehr schnell erwachsen geworden. Mit gleichalterigen Kindern spielte sie so gut wie nie, sondern bemühte sich mit großem Ernst um Selbständigkeit. Später als Erwachsene hatte sie jede Verbindung zu dem verängstigten Kind in ihr verloren. Als sie sich dessen bewußt wurde, begann sie allmählich, mit Freundinnen und Freunden über ihre Angst zu sprechen, und sie fand eine Therapeutin ihres Vertrauens, mit der sie zum ersten Mal offen über ihre Verletzbarkeit zu sprechen vermochte. Janet bekam sogar Spaß an kindlicher Ausgelassenheit, auf die sie so früh in ihrem Leben verzichtet hatte. Sie hieß das innere Kind in ihrem Leben willkommen. Indem sie ihren Freunden näherkam, hießen auch diese ihre neue Seite willkommen. Das verletzte und verletzliche innere Kind fühlte sich mit der Zeit immer sicherer und wurde in ihre Persönlichkeit integriert.

Suche dein Glück nicht mehr bei den anderen.

Die Quelle für Ihr Glück und Wohlbefinden liegt nicht bei den anderen. Sie liegt in Ihnen selbst. Lernen Sie deswegen, in sich zu ruhen. Suchen Sie Anerkennung, Frieden und Wohlbefinden in sich selbst. Fragen Sie sich immer wieder: was würde mich jetzt in diesem Augenblick glücklich machen? Und dann tun Sie, was Sie glücklich machen würde.

Seit Jahren schon hatte John gewußt, daß er am liebsten Lehrer wäre. Im Grunde gesellig und gern mit Menschen zusammen, trat er nach Abschluß seines Examens in Betriebswirtschaft in die Kanzlei seines Vaters ein, wo er fünf Jahre als Steuerberater und Wirtschaftsprüfer arbeitete. Er befürchtete, sein Vater würde ihm den Ausstieg aus der Familienfirma verübeln. Schließlich wurde er stark depressiv und zog sich in sein Schneckenhaus zurück.

Am Tiefpunkt angekommen, sprach er sich mit seiner Frau und einem guten Freund aus und erzählte ihnen von seinem Traum, Lehrer zu werden. Sie ermutigten ihn, seinem Vater die Wahrheit zu sagen und ein Lehramt anzustreben. Zu seiner Überraschung bekam er sofort eine Stelle in einer Schule in der Nähe. Er hörte auf, bei seinem Vater zu arbeiten; stattdessen unterrichtete er nun. Er fühlte sich wunderbar: frei, energiegeladen, gesund und rundum glücklich.

Indem er sich voll in seinem Lehrberuf engagierte, verbesserte sich auch das Verhältnis zu seinem Vater, denn Tom war jetzt mit sich selbst zufrieden. Nun hatte Tom an seinem Leben Freude, denn er machte sein eigenes Glück nicht mehr vom Glück seines Vaters abhängig (oder von dem, was er dafür hielt).

Sie können lernen, nur auf sich selbst angewiesen zu sein.

Auch wenn vielleicht nie irgend jemand für Sie da war, können Sie doch für sich selbst da sein. Schauen Sie sich jeden Tag im Spiegel in die Augen und sagen Sie sich: »Ich bin eine tolle Frau (ein feiner Kerl). Ich mag mich, wie ich bin, und ich verdiene ein gutes Leben.« Beachten sie Ihre eigenen Bedürfnisse und vertrauen Sie darauf, daß Sie selbst intuitiv genau beurteilen können, was Sie brauchen. Setzen Sie einfach voraus: jawohl, ich kann meine Probleme bewältigen und das Leben meistern, wie es gerade kommt.

Selbstverständlich dürfen Sie andere um Unterstützung und Ermutigung bitten und wissen dabei doch, daß nur Sie für Ihr eigenes Glück verantwortlich sind. Indem Sie sich mehr und mehr auf Ihr Selbst einstellen, füllen sie auch in Ihren Beziehungen zu anderen Menschen eine zunehmend verantwortungsvolle Position aus. Sie reagieren nicht länger ausschließlich auf die Sicht des anderen, sondern sind in der Lage, Ihre Beziehung selbst zu definieren. Dies erfordert eine gewisse »Ablösung«; Sie müssen Ihre Emotionen (nicht jedoch Ihr unmittelbares Fühlen) etwas zurücknehmen.

Erkämpfen Sie sich den Freiraum der Nicht-Abhängigkeit.

Beginnen sie bei der Untersuchung Ihrer Abhängigkeiten. In welcher Hinsicht sind Sie von anderen emotional und finanziell abhängig. Gehen Sie in Ihre Gefühle hinein, sprechen Sie über Ihre Ängste, akzeptieren Sie Ihre gegenwärtige Situation. Vielleicht haben Sie Angst, Veränderungen anzustreben. Tun Sie trotzdem, was Sie nach Ihrem eigenen Wissen tun müssen. Sie haben nur dann die Kraft, Ihr Leben zu transformieren, wenn Sie Ihre Gefühle wirklich fühlen, und nicht, wenn Sie sie mißachten.

Irene kam nach sechs Jahren Ehe mit Dave in die Therapie. Sie hatte zwei Kinder, eines zwei, das andere vier Jahre alt. Als ich sie fragte, was sie durch die Therapie gewinnen wollte, antwortete sie: »Ich möchte meine Ehe retten.« Nach ihrer Darstellung waren die Probleme auf die Einmischung von Daves Vater zurückzuführen. Sie erzählte, daß Dave selbst in den Flitterwochen jeden Tag seine Eltern angerufen hätte und sein Vater ihn ständig um Hilfe bat, sobald Dave nicht auf seiner gewöhnlichen Drei-Tage-Schicht arbeitete. Dave fuhr dann gewöhnlich hin und warf die Pläne über den Haufen, die er für den Tag mit Irene und den Kindern gemacht hatte.

Obwohl Irene an Daves Verhalten viel auszusetzen hatte, gab sie doch seinem Vater die meiste Schuld. Als ich sie fragte, was sie an Dave gern hatte oder liebte, sagte sie nicht viel. Zwischen den beiden war sehr viel verhaltene Wut. Irene machte ihrem Ärger durch Nörgeln Luft. Sie sagte Dave, daß er sich von seinem Vater fern halten sollte und sie den Kindern nicht erlaubt mitzukommen, weil da immer »so schweinisches Zeug geredet« würde und der Schwiegervater vor den Kindern an Irene herummäkelte.

Dave brachte seine Wut durch Rückzug zum Ausdruck. Er verließ das Haus ohne ein Wort und ging zu seinem Vater. Er beteiligte sich nicht an der Kindererziehung und machte so viele Überstunden wie möglich. Irene empfand das als Bestrafung.

Irene und Dave waren weder selbständig noch voneinander unabhängig. Sie waren nicht ehrlich miteinander, akzeptierten einander nicht und hörten einander auch nicht verständnisvoll zu. Sie steckten beide voller Wut, waren aber nicht bereit, es dem anderen zu sagen. Sie wußten nicht, wie sie ihre Gefühle und Wünsche einander klar mitteilen konnten. Für Irene war Daves Vater an allem Schuld, und sie sagte, daß alles noch gut werden könnte, »wenn der sich bloß endlich verziehen würde«. Nach einigen Therapiestunden begann Irene ihre Wut auf Dave ein wenig besser zu verstehen. Sie sah, daß sie schon seit einigen Jahren unglücklich gewesen war.

Als Irene ihr Selbstvertrauen teilweise zurückgewann, sagte sie: »Ich habe sechs lange Jahre nicht bekommen, was ich wollte. Ich werde jetzt ein paar Grenzen ziehen und meine Ansprüche anmelden.« Sie erkannte, daß sie sich ihre Bedürfnisse würde besser erfüllen können, wenn sie nicht mit Dave verheiratet wäre, und das, obwohl sie seit vier Jahren nicht gearbeitet hatte, keinerlei Ausbildung besaß und außerdem von ihrem Mann finanziell abhängig war. Sie hatte in der Vergangenheit ihr Lebensglück von ihm abhängig gemacht und war nun zu mehr Selbständigkeit bereit. Sie machte ihre Pläne und handelte: Sie fand eine Stelle, eine eigene Wohnung und traf sich regelmäßig mit ihren Freunden. Nach vielen Monaten der Trauer, des Kampfes mit ihrem Übergewicht, ihrer neuen Arbeit, den zwei Kindern und mit Dave war Irene schließlich glücklicher und wesentlich selbständiger. Sie hatte gelernt, daß sie ihr Leben verändern konnte und daß andere nicht für ihr Glück verantwortlich waren.

Was Sie tun können: Sie können einiges für sich tun und damit besser für sich sorgen. So können Sie zum Beispiel immer wieder einen kurzen Augenblick innehalten und sich fragen: Was kann ich jetzt, in dieser Minute Gutes für mich tun? Stellen Sie sich diese Frage so oft, wie Sie es brauchen, zumindest aber pro Tag einmal. Und dann geben Sie sich, was Sie brauchen. Das kann alles Mögliche sein: nehmen Sie sich fünf Minuten Zeit, schließen Sie die Augen und spüren Sie Ihre Trauer oder Ihr Glück; üben Sie ein bißchen Tai Chi oder eine andere Art der Bewegungsmeditation; gehen Sie auf einen kurzen Spaziergang an die frische Luft; bitten Sie darum, daß man Sie in den Arm nimmt und festhält; rufen Sie eine Freundin an oder einen Freund; atmen Sie ein paarmal tief durch. Sie können Ihre Bedürfnisse auch mit anderen erörtern. Treffen Sie Vereinbarungen mit Frauen und Männern, die in Ihrem Leben wichtig sind; legen Sie gemeinsam mit ihnen fest, was

sie für Sie tun können. Ich zum Beispiel habe eine feste Vereinba-
rung mit einer guten Freundin: Wenn Sie mich nach meinem
Befinden fragt, ist sie bereit, mir mindestens fünf Minuten Zeit zu
geben, damit ich die Frage wahrheitsgemäß beantworten kann.

Selbst-Akzeptanz

Es scheint paradox, daß Sie sich erst dann ändern können, wenn
Sie sich als die oder den akzeptieren, die oder der Sie sind - und doch
ist es wahr. Selbst-Akzeptanz erfüllt ihr Leben mit einem gewissen
Frieden. Häufig ist sie ein wichtiger Wendepunkt im Prozeß der
Veränderung, und natürlich läßt sich leichter über Selbst-Akzeptanz
reden, als sich selbst wirklich zu akzeptieren. Wenn Sie co-abhängig
sind, müssen Sie Ihre co-abhängigen Eigenschaften akzeptieren, um
sich überhaupt von ihnen lösen zu können. Außerdem müssen Sie
akzeptieren, daß Sie absolut keinen Einfluß auf das Suchtverhalten
der anderen haben und auch nicht auf andere Dinge oder Vorgänge,
die Sie vielleicht kontrollieren wollten. Sie können unmöglich
bestimmen, wieviel Ihr Partner, Ihre Tochter oder Ihr Freund ißt
oder trinkt. Sie haben gelernt, alles zu tun, um anderen zu gefallen.
Und doch können sie unmöglich kontrollieren, was der andere fühlt,
denkt oder tut. Verantwortlich können Sie nur für Ihre eigenen
Gefühle, Gedanken und Handlungen sein. Das sind Tatsachen -
und trotzdem schwer zu akzeptieren.

Aber akzeptieren heißt nicht tolerieren. Sie müssen sich nicht mit
Situationen abfinden, in denen Sie sich miserabel fühlen. Sie
brauchen keinen Mißbrauch hinzunehmen. Akzeptieren bedeutet
nur, daß Sie die gegenwärtige Situation ungeschönt anerkennen, den
Zustand näher untersuchen und sich überlegen, was Sie für Ihr
Wohlbefinden tun möchten. Sie müssen den Wiederholungszwang
der meisten Verhaltensmuster akzeptieren und dürfen sich nicht

länger vormachen, daß Mißbrauch und Schmerz eines schönen Tages verschwinden, wie von Zauberhand weggewischt.

Wenn Ihre Eltern Sie während Ihrer Kindheit täglich angeschrieen und sie gezwungenermaßen gelernt haben, dieses Verhalten zu tolerieren, haben sie damit gleichzeitig auch gelernt, genau dies als akzeptable, ja zu erwartende Begleiterscheinung mitmenschlicher Beziehung hinzunehmen. Vielleicht haben sie deswegen einen Partner gewählt, der Sie fortwährend anbrüllt und Ihnen die ärgsten Schimpfworte an den Kopf wirft. Bis Sie sich nicht anders verhalten, werden die Beleidigungen auch nicht aufhören. Sie müssen den Tatsachen ins Auge sehen: Man schreit Sie an und beleidigt Sie; Sie möchten, daß das aufhört; Sie wissen, daß es einen unangemessenen Eingriff in ihre Persönlichkeit darstellt; um die Beleidigungen nicht länger zu erdulden, müssen sie etwas dagegen unternehmen.

Dabei können Sie sich voll auf das konzentrieren, was Sie an sich selbst ändern müssen, weil Sie ja auch nur Ihr eigenes Verhalten zu steuern vermögen. Sie können Ihrem Partner oder Ihrer Partnerin sagen, daß Sie nicht länger auf die Beleidigungen und das Geschrei hören und fortgehen werden. Und wenn der Mißbrauch auch dann nicht aufhört, können Sie tatsächlich Ihrer Wege gehen, vielleicht nur für eine gewisse Zeit, vielleicht auch für immer.

Der Prozeß der Trauer

Im Laufe der Veränderungen beginnen Sie zu genesen, indem Sie loslassen, Grenzen setzen. Die Genesung führt Sie jedoch durch verschiedene Stadien der Trauer. Genesung ist Heilung, und diese Art von Heilung bringt das Aufgeben alter Gewohnheiten mit sich, eine neue Bewußtheit und die Fähigkeit zur Vergebung. Der Prozeß der Wandlung geht tief und Ihnen sehr nahe: Sie werden Ihre Verluste betrauern und beweinen, was Sie niemals bekommen haben.

In Interviews mit Sterbenden beschreibt Elisabeth Kübler-Ross fünf Stadien der Trauer. Zwar bezieht sie sich auf den physischen Tod, doch Sie werden Ihre Trauer um das alte Selbst sehr ähnlich und ebenfalls als traumatisches Erlebnis durchmachen. Natürlich sind die neuen Verhaltensstrukturen gesünder. Trotzdem müssen Sie sich der neuen Situation erst einmal anpassen. Wenn Sie Ihr Verhalten so einschneidend verändern, daß Sie gewissermaßen Ihr ganzes Leben »umkrempeln«, lassen Trauer und Schmerz sich nicht vermeiden. Vielleicht suchen Sie eine ganz neue Freundesgruppe. Das bedeutet, daß Sie sich zuerst von den alten Freunden lösen müssen, und es kann eine ganze Zeit dauern, bevor Sie neue finden.

Kübler-Ross beschreibt die folgenden Stadien der Trauer:

Verdrängung und Abkapselung: Das ist ein Zustand von Schock, Unglauben und Betäubung über den Verlust. »Unmöglich, das kann nicht sein« sagen Sie sich vielleicht immer wieder. Oder: »Es wird alles wieder gut.« Unter Umständen tun sie alles Mögliche und Unmögliche, um nur ja nicht mit der Wirklichkeit konfrontiert zu werden: Sie schlafen viel oder halten sich ununterbrochen beschäftigt. Die Verdrängung puffert die unerwartete und schockierende Neuigkeit ab.

Als meine Freunde mir zum ersten Mal sagten, daß ich mich besser um mein eigenes Leben und meine eigenen Gefühle kümmern sollte, anstatt über die Fehler des Mannes nachzudenken, der im Begriff war, mich zu verlassen, konterte ich grundsätzlich: »Was habt ihr bloß. Mir geht's doch prima.« Und um das zu beweisen, hielt ich mich lange Zeit derartig auf Trab, daß mir zum Nachdenken keine Zeit blieb. Ich wollte mir einfach nicht den Verlust meines Selbstbildes eingestehen. Ich wollte mich immer noch als die perfekte und gesunde Frau ohne nennenswerte Probleme sehen.

Wut: Die Wut kann begründet sein oder nicht; vielleicht sind Sie auf sich selbst wütend oder auf jemand anderes. Im Einzelfall unter Umständen eine bewegte, wenn nicht heftige Zeit; deswegen ist therapeutische Hilfe zu empfehlen. In diesem Stadium wehren Sie sich gegen die Veränderung und wollen Ihren Verlust immer noch nicht anerkennen.

Eine Freundin verlor ihre Mutter an Krebs und blieb über diesen Tod einige Jahre verbittert. Sie war ständig gereizt und dem Wutausbruch nahe. Klagte jemand über die eigene Mutter, fuhr sie automatisch aus der Haut: »Wenigstens hast du noch eine Mutter!« Sie war böse mit Gott, weil er ihr die Mutter weggenommen hatte, furchtbar gereizt, weil der Verlust einfach nicht fair war, wütend auf andere, die noch eine Mutter hatten, verbittert, weil es keine Chance mehr geben würde, sich mit ihrer Mutter zu versöhnen. In gleicher Weise mag der Co-Abhängige auf dem Weg der Heilung darüber wüten, daß seine Eltern ihm als Kind niemals geben konnten, was er brauchte, und noch wütender, weil kein Weg zurück führt: er wird die gewünschte Fürsorge niemals bekommen.

Feilschen: In diesem Stadium möchten Sie mit einer höheren Macht einen Handel abschließen: »Wenn du ihn mir zurückgibst, werde ich ihn besser behandeln.« Oder: »Wenn sie zu mir zurückkäme, wie würde ich ihr dann zuhören.« Vielleicht möchten Sie eine Vereinbarung treffen, um das Unvermeidliche hinauszuzögern. Möglicherweise versuchen Sie, eine Liebe zurückzugewinnen, die Sie verlassen hat. Sie versprechen, sich zu ändern, und wollen alles tun, was er von Ihnen verlangt, wenn er darum doch bloß zu Ihnen zurückkäme. An diesem Punkt ist bei einer Trennung oder Scheidung besondere Wachsamkeit angesagt. Vielleicht sollten Sie der Einladung besser widerstehen und sich nicht auf die Wiederherstellung einer funktionsgestörten Beziehung einlassen.

Depression: Wenn Ihnen dann schließlich dämmert, daß weder Feilschen noch Wut noch Verdrängung etwas bewirken, überkommt Sie eine große Niedergeschlagenheit. Jetzt beginnt die eigentliche Trauer. Der Zeitpunkt ist gekommen, sich verletzt zu fühlen und zu weinen. Es kann sein, daß Sie sich nun weitgehend zurückziehen und Ihren Tränen hingeben. Vielleicht möchten Sie mit niemandem sprechen. Vielleicht schlafen sie sehr viel - oder sehr wenig. Oder Sie essen übermäßig oder so gut wie gar nicht.

Auch in dieser Phase ziehen Sie am besten den Beistand einer professionellen Beratung in Erwägung, vor allem, wenn Ihre Freunde und Bekannten auf sie einreden und sagen: »Jetzt solltest du aber allmählich darüber hinwegsein.« Sie brauchen jemanden, der Ihnen zuhört, mit dem Sie offen über Ihre Verletzung sprechen können. Es hilft, wenn Sie die Verletzung an sich heranlassen, sie erfahren, anerkennen - und dann weitergehen. Erst nachdem Sie sich durch diesen Prozeß hindurchgearbeitet haben, können Sie zum letzten Stadium gelangen.

Einverstandensein: Wut und Depression lösen sich auf, und die neue Phase bringt Freiheit und Frieden. Sie fühlen sich ganz und wohl, ganz gleich, ob Sie allein zu Hause bleiben oder mit einem neuen Freund, einer neuen Freundin oder einigen Bekannten gemütlich ausgehen. Sie werden spüren, daß Sie durch den Verlust in gewisser Hinsicht gewonnen haben. Sie sind seelisch in eine neue Stufe der Selbst-Akzeptanz hineingewachsen. Sie reden gern mit der verlorenen Liebe, dem geschiedenen Partner oder dem verstorbenen Elternteil. Sie haben wieder Spaß an den Dingen, die Sie schon immer gern getan haben oder entdecken neue - für sich allein oder in Gemeinschaft mit Menschen, die Sie mögen.

Was Sie tun können: Um im Verlauf des Trauer- und Ablösungs-Prozesses bewußter zu erkennen, wer Sie eigentlich sind, sollten Sie etwas Zeit für eine Rückschau über Ihr Leben reservieren. Erinnern Sie sich an Ihre Verluste. Bedenken sie die Verluste, die Sie jetzt wegstecken müssen, während Sie Ihre co-abhängigen Verhaltensmuster zu erkennen anfangen. Rufen Sie sich Ihre eigenen Erfahrungen ins Gedächtnis und überprüfen Sie, in welcher Hinsicht diese mit Ihren Kenntnissen des Prozesses von Trauer und Ablösung übereinstimmen. Schreiben Sie auf, was Sie fühlen.

Selbstachtung

Ihre geringe Selbstachtung paßt zu allen anderen Aspekten Ihrer Co-Abhängigkeit: Pflichtbesessenheit; Tablettensucht; Unterdrückkung aller Lebensfreude; Märtyrerallüren; Perfektionismus; Helfersyndrom; Kontrolle anderer; Vermeidung von Nähe und Intimität; falsche Scham; an zerstörerischen Beziehungen festhalten; Schuldgefühle; Vermeidung von Menschen, die das eigene Leben positiv beeinflussen könnten; freudloses Unbeteiligtsein bei allem Tun; Aufschieben notwendiger Entscheidungen und Handlungen.

Sie tun sich selbst den größten Gefallen, wenn Sie nicht länger auf sich selbst herumhacken, wenn Sie sich endlich vergeben und Ihre Schuldgefühle ablegen. Co-Abhängige haben gelernt, ihre wahren Gefühle über sich zu verstecken, etwa indem sie sich geschmackvoll kleiden, den richtige Job haben oder in einem Traumhaus wohnen. Auch wenn Sie nach außen die Aura des Erfolges ausstrahlen, quält Sie innerlich das Gefühl, daß Sie Ihren eigenen und den Ansprüchen der anderen doch niemals genügen werden. Sie fühlen sich schuldig, weil Sie mehr für andere tun könnten. Wenn Sie sich bei der Wahl zwischen zwei Möglichkeiten schließlich für die eine Alternative entscheiden, denken Sie vielleicht: »Wenn ich doch bloß die andere Wahl getroffen hätte!« Sie verstehen es, sich fortwährend selbst zu bestrafen. Vielleicht laden sie unwissentlich sogar andere dazu ein, Sie zu mißbrauchen, und lassen sich von ihnen ausnützen. Aller Wahrscheinlichkeit nach schleppen sie eine unendliche Liste von »Du sollst« mit sich herum, die Sie daran erinnern, was Sie in der Vergangenheit hätten anders machen sollen und in der Zukunft unbedingt tun müssen.

Vergeben Sie sich doch einfach, erkennen sie diese »Du sollst« als das, was sie sind. Stecken Sie sie in einen Schuhkarton, legen Sie den Deckel darauf und schieben Sie den Karton ganz hinten ins höchste Regalfach, wo Sie mit ziemlicher Sicherheit nie hinkommen. Dort sind sie am besten aufgehoben. Lassen Sie sich von den »Du sollst« nicht die Freude an Ihren Leistungen verderben, nicht Ihren Trost stehlen, nicht das Band zerstören zu allem, was Ihnen lieb und teuer ist. Co-Abhängige unterscheiden sich zumindest in einer Hinsicht grundlegend von allen anderen Bewohnern unseres Planeten: die anderen hacken nicht permanent auf sich herum, weil sie nun einmal so und nicht anders sind. Alle Menschen denken und fühlen im Grunde recht ähnlich. Alle Menschen machen Fehler. Lassen Sie sich in Ruhe, mäkeln sie nicht dauernd wegen Ihrer wirklichen und eingebildeten Fehler an sich herum.

Nichts ist Ihnen gut genug, wenn Sie unter dem »Perfektionismus-Syndrom« leiden. Klar, zweifellos kann man alles besser machen, aber wenn Sie geradezu versessen darauf sind, Ihre Arbeit, Ihren Partner oder Ihr Kind absolut perfekt zu machen, zerstören Sie bei dem Versuch jeden Genuß am eigenen Selbst und Dasein. Sie brauchen Geduld und Freizeit zur Wahrnehmung und Erfahrung des inneren Selbst, damit Sie das Wunder des Augeblicks würdigen können, anstatt sich in die unfruchtbare Vorstellung eines unerreichbaren Endzustandes der Perfektion zu verrennen.

Sie dürfen lieb zu sich sein, Sie dürfen für sich selbst dieselbe Güte und dasselbe Mitgefühl empfinden, das Sie auch einem geliebten Menschen entgegenbringen. Sie dürfen die Selbstschelte aufgeben und sich stattdessen mit positiven Botschaften aufbauen: »Heute habe ich etwas geschafft, und damit bin ich rundum zufrieden.« Schuldgefühle, Scham und die sie begleitenden »Du sollst« sind vollkommen nutzlos und kontraproduktiv. Sie nehmen Ihnen jeden Spaß am Leben. Achten Sie einmal darauf, wenn Sie das nächste Mal Dinge sagen wie: »Ich hätte meinen Freunden wirklich helfen sollen.« Oder: »Ich hätte doch ahnen müssen, daß sie krank war.« Was auch immer Sie jetzt tun, das Geschehene können sie nicht ändern. Wenn Sie sich zu sehr damit beschäftigen, vermeiden Sie nur wieder sich selbst und die Gegenwart.

Schuldgefühle und Scham sind zum großen Teil anerzogen, also erlernt. Was Sie gelernt haben, können sie auch wieder verlernen. Sie können sich neue Gewohnheiten zulegen. Denken Sie einfach an etwas Positives, das Sie getan haben, und erinnern Sie sich daran, sobald Sie bemerken, daß Sie wieder einmal »Du sollst« zu sich sagen. Oder gehen Sie direkt in Ihre Gefühle hinein und fühlen sie: »Ich fühle mich verletzlich und der Situation nicht gewachsen und habe Angst, daß mich niemand liebt. Aber ich kann mich selbst lieben, gut für mich sorgen und damit fertig werden.«

Was Sie tun können: Schreiben Sie auf, was Sie über sich selbst fühlen, damit Sie klarer erkennen, ob Sie genügend Selbstachtung besitzen. Listen Sie auf, was Sie gern haben oder nicht gern haben. Lesen Sie das Geschriebene nochmals durch. Machen Sie sich diese Art der Selbstbefragung zur Gewohnheit. Sprechen Sie offen und unvoreingenommen mit sich.

Grenzen

Co-Abhängige wissen nicht, wo sie selbst aufhören und der andere beginnt. Diese Eigenschaft ist ein ungeheuer wichtiger Faktor, und viele Therapeuten vermuten in ihr sogar den eigentlichen Kern der Co-Abhängigkeit. Unter ihrem Einfluß übernehmen Sie sehr schnell die Gefühle, Verantwortlichkeiten und Meinungen des anderen.

Anne Wilson Schaef befaßt sich in Ihrem Buch »Co-Abhängigkeit« mit der Idee der Außen-Bezogenheit. Vielleicht lassen Sie sich von der Verwirrung anderer anstecken oder eilen zu Hilfe, um sie aus ihrer Verwirrung zu erretten, indem Sie ihnen sagen, was zur Lösung des Problems zu tun ist. Sie sind der »rettende Engel«, der alles wieder in Ordnung bringt, und wissen einen Ausweg aus jeder Lage. Außen-Bezogenheit heißt, daß Sie sich mit dem anderen entweder »verschmolzen« oder von ihm oder ihr »verschlungen« fühlen. Vielleicht hören Sie sich ab und zu im Pluralis majestatis sprechen. Sie sprechen nicht nur für sich allein, nicht nur für Ihr individuelles

»Ich«, sondern für ein Kollektiv. Dann sagen Sie: »Sind wir heute aber müde!«, wenn Sie sagen wollen, daß Ihr Kind heute einen ungewöhnlich schläfrigen Eindruck macht.

Fühlen Sie lieber Ihre eigenen Gefühle, wenn Sie sich dabei ertappen. Nehmen Sie eine »Aus-Zeit«. Verpflichten Sie sich keinesfalls dazu, irgend etwas zu unternehmen, um den anderen zu retten. Wenn Sie verwirrt sind, versuchen sie besser, Ihre Aufmerksamkeit nach innen zu lenken, damit Sie in Ihre eigenen Gefühle hineinspüren können. Letztlich ist niemand anderes als Sie selbst für Ihre Gefühle verantwortlich, Ihrer gegenteiligen Beteuerungen ungeachtet. Die Aussage »Du tust alles, nur damit ich mich schuldig fühle!« ist ganz einfach die Unwahrheit. Nicht der andere macht Ihnen Schuldgefühle, das tun Sie selbst. Sie fühlen sich schuldig, weil Sie die Situation nach ganz bestimmten Kriterien aus einem bestimmten Blickwinkel interpretieren. Kein anderer als Sie selbst kann Ihre Gefühle kontrollieren.

Haben Sie gelernt, daß Liebe gleichbedeutend mit Opferbereitschaft ist, werden Sie sich schlecht und einsam fühlen. Liebe bedeutet jedoch keinesfalls, daß Sie bereit sein müssen, alles aufzugeben. Im Gegenteil, wenn Ihre Liebe und Beziehungen funktionieren sollen, müssen Sie vernünftige und gesunde Grenzen setzen und sich dann an sie halten. Sie haben immer die Möglichkeit, selbst zu bestimmen, was Sie in Ihren Beziehungen geben und bekommen möchten. Sie machen Ihr Leben einfacher, wenn Sie selbst die Grenzen festlegen. Diese Grenzen werden die Sache auch niemals komplizieren. Sie müssen sich nicht länger den Kopf darüber zerbrechen, was der andere wohl brauchen mag. Sie beschließen, was Sie selbst tun werden - und halten sich daran.

Wie das Wort schon sagt, markiert eine Grenze Ihre persönliche Sphäre, Ihr Selbst. Das kann Ihr Körper sein, Ihr Bewußtsein, Ihre Gefühle, Ihr Geist oder Ihre Persönlichkeitsrechte. Diese Grenzen sind absolut real; daß sie unsichtbar bleiben, ändert daran nichts.

Co-Abhängige tun sich häufig mit notorischen Einmischern zusammen oder gehören selbst zu diesen. Einmischer drängen sich in anderer Leute Persönlichkeits-Sphäre. Sie bilden sich gelegentlich sogar ein, daß sie das Recht oder die Pflicht dazu haben. Wenn Sie gesunden und gesund bleiben wollen, müssen sie unbedingt Grenzen ziehen, so daß andere sich nicht unzulässig in Ihren Körper, Ihren Geist oder Ihre Seele einmischen und auch Sie sich nicht in anderer Leute Körper, Seele und Geist einmischen. In »Die Sucht, gebraucht zu werden« sagt Melody Beattie: »Beziehungen ohne Grenzen machen uns Angst. Wir sind dann in Gefahr, alles zu verlieren, einschließlich uns selbst.«

Was Sie tun können: Führen Sie Tagebuch oder machen Sie sich relativ regelmäßig Notizen. Schreiben Sie einfach auf, was Ihnen zu Ihren Gefühlen und Unternehmungen einfällt. Auf diese Weise lernen Sie, eher von Ihrem eigenen Zentrum aus zu fühlen und die Bewußtheit für Ihre Grenzen zu schärfen. Mit dem Tagebuch sollten weder Schuldgefühle noch Scham verbunden sein. Es gehört Ihnen allein. Sorgen sie also dafür, daß niemand darin liest. Sie selbst können in gewissen Abständen darin lesen. So können sie überprüfen, welche Gefühle sich eher schüchtern melden und welche lärmend nach außen drängen. Versuchen Sie, die Situationen und Gefühle zu erkennen, die mit der Verletzung der eigenen Grenzen einhergehen. Wann fühlen Sie sich überrumpelt, in einer Falle gefangen? Wann bemerken sie Ihre eigenen und die Grenzen der anderen? Suchen Sie sich in ihrem näheren Bekanntenkreis eine aufrichtige Frau oder einen aufrichtigen Mann, die beziehungsweise der gut zuhören können und nicht den Retter spielen möchten. Besprechen Sie mit ihr oder ihm ganz offen und ehrlich Ihre Gefühle. Hören Sie dann ihr oder ihm zu, ohne zu urteilen und ohne Gesten der Fürsorge. Wie fühlt sich das an? Wenn Sie in Ihrem Bekanntenkreis keinen derartigen Menschen finden können, schließen Sie sich einer Gruppe an oder bringen selbst eine geeignete Gruppe zusammen. Füllen sie außerdem die »Retter-Checkliste« im Anhang des Buches aus und stellen somit fest, ob Sie

> *versucht sind, den Retter zu spielen. Schließlich befassen Sie sich*
> *etwas näher mit einigen Verhaltensweisen der Checkliste. Ertappen*
> *Sie sich dabei, vermerken Sie es in Ihrem Tagebuch.*

Wut

Co-Abhängigen fällt es gewöhnlich schwer, ihre Wut offen und direkt auszudrücken. Wenn Sie sich jedoch Ihrer Gefühle unmittelbarer bewußt werden, müssen Sie vielleicht feststellen, daß sich in Ihnen mehr Wut staut, als Ihnen lieb ist. Aber sie ist nun einmal da, will ausgedrückt und in irgendeiner Form durchgearbeitet werden. Vielleicht haben Sie Ihre Angst, Trauer und Verletztheit mehr gesehen als Ihre Wut. Deswegen neigen Sie unter Umständen eher dazu, den anderen heimzuzahlen, was immer diese Ihnen angetan haben, als sich Ihren Ärger von der Seele zu schreien. Trotzdem kochen Wut und Feindseligkeit kaum verhohlen unter der Oberfläche und sind aus Ihren Blicken und Gesten abzulesen.

Gesetzt den Fall, es läßt sich nicht länger umgehen, daß Sie Ihrer Wut Ausdruck verleihen, bleibt die Frage: Wie machen Sie es richtig? Co-Abhängige tendieren gewöhnlich zur Selbstgerechtigkeit und sind Ihrer Partnerin oder ihrem Partner böse, wenn denen einmal der Kragen platzt. Vielleicht erwischen Sie sich dabei, wenn Ihnen Worte wie diese herausrutschen: »Nach allem, was ich für Dich getan habe, wagst Du noch, auf mich sauer zu sein!« Später werden sie dann ordentlich von Schuldgefühlen geplagt und Ihr Selbstwertgefühl fällt gegen den Nullpunkt, denn Sie sind sehr böse auf sich. Wie konnten Sie sich auch nur so fürchterlich gehenlassen?

In »Wohin mit meiner Wut« beschäftigt sich Harriet Goldhor-Lerner eingehend mit dem Problem, das viele Frauen mit ihrer fehlgeleiteten Wut haben. Sie unterscheidet zwei Arten von Wut, die der »netten Frau« und die der »Furie«. Die »nette Frau« vermeidet um jeden Preis alle Wut und Konflikte, die »Furie« hingegen hat keine Probleme damit, ihre Wut auszuagieren, aber sie ist dabei auf unproduktiven Streit aus, schimpft und klagt an. Eine konstruktive Lösung läßt sich auf diese Weise nicht erreichen. Beide Arten der Wut verwischen jede Klarheit des Selbst und sorgen dafür, daß sich nichts ändert.

»Die nette Frau«

»Nette Frauen« halten den Mund oder brechen in Tränen aus; sie sind selbstkritisch und ungemein »verletzlich«. Mögen Sie auch noch so wütend sein, Sie zeigen es nicht, um offenen Streit zu vermeiden. Mit Ihrem Schweigen können Sie jeder klaren Stellungnahme aus dem Weg gehen. Sie brauchen nicht zu sagen, was Sie denken oder fühlen, besonders wenn Sie befürchten, daß ein klarer Standpunkt dem anderen nicht recht wäre und außerdem Meinungsverschiedenheiten offen an den Tag brächte.

Um jeden Preis um die Wahrung der Harmonie besorgt, werden Sie Ihre Bedürfnisse und Wünsche niemals eindeutig bestimmen können. Sie können derartig viel Zeit damit vergeuden, andere richtig zu »verstehen« und peinlich genau darauf zu achten, »nur ja keinen Ärger zu machen«, daß Sie immer weniger von Ihren eigenen Gedanken, Gefühlen und Wünschen wissen. Auf diese Weise werden Sie einen riesigen Vorrat an Wut in sich aufstauen.

»Die Furie«

Die »Furie« erscheint als das ewig sich beschwerende Klageweib. Auch wenn diese Beschreibung Teil eines grausam verzerrten sexistischen Stereotyps ist (in unserer Gesellschaft gilt es immer noch als »unfein«, wenn eine Frau ihre Wut offen zeigt!), zeichnet sie doch gleichzeitig ein Bild der Ohnmacht und Hilflosigkeit. Die Frau hat das Gefühl, daß sie kein bißchen weiterkommt, daß sich nie etwas ändern wird. Auch wenn es einen guten Grund für ihre tiefe

Verstimmung und Verärgerung geben mag, gelingt es ihr nicht, dem anderen ihre berechtigten Klagen in verständlicher Weise mitzuteilen. Anstelle von Sympathie erntet sie nur Mißbilligung. Das verbittert sie noch mehr und schürt ihren Zorn.

Zum Eingeständnis der eigenen Wut gehört eine Portion Mut, und es ist ebenfalls mutig, Verärgerung und Wut offen darzulegen, so daß der andere Bescheid weiß. Wenn Ihnen dieser Mut fehlt, entsteht der wirkungslose Kreislauf aus Reizbarkeit, Schuldzuweisung und Streit. Er verselbständigt sich zu einem stereotypen Verhaltensmuster. So fällt es dem anderen leicht, die wütende Frau abfällig abzutun, die scheinbar weder eine klare Absicht noch einen eindeutigen Wunsch vorbringt.

Die ineffektive Kommunikation macht es den anderen sehr leicht, sich aus der Affäre zu ziehen. Niemand muß sich ändern wollen.

Gewöhnlich versuchen Sie, den anderen zu ändern, der sich aber gar nicht ändern möchte. Dabei wird der Kampf um die eigenen Ziele vollkommen aussichtslos. Der andere lehnt jede Veränderung ab, Sie werden infolgedessen immer wütender, verbeißen sich nur noch mehr in den Versuch, seine Einstellung, Handlungsweise oder sein Fühlen umzumodeln, bis Sie beide rettungslos in einem Teufelskreis oder einer Spirale der Aggression gefangen sind, die das Problem fortwährend verschlimmern.

Die »Furie« ist demnach so ineffektiv wie die »nette Frau«. Auch sie untergräbt ihre eigenen Ziele, so daß die Probleme sich selbst ständig erneuern. Beide werden mit ihrem Gefühl der Ohnmacht und Hilflosigkeit alleingelassen. Harriet Goldhor-Lerner bringt es auf den Punkt: »Wir haben nicht das Gefühl, daß wir Qualität und Richtung unseres Lebens selbst bestimmen können.«

Die Rumpelkammer

Ich habe einen Namen für Ihren persönlichen Vorrat an Wut. Ich nenne ihn die »Rumpelkammer«. Wann immer Sie ein Gefühl oder einen Gedanken haben, auf die Sie sich nicht näher einlassen wollen, werfen Sie ihn in Ihre persönliche Rumpelkammer - Ihre Dreckecke, in der Sie bestimmte Gedanken und Gefühle vor sich und anderen verstecken können. Wenn Sie sich über jemanden »ärgern« und »aufregen«, lullen Sie sich vielleicht ein: »Na ja, Schwamm drüber, ich will ihm ja nicht weh tun.« Dann werfen Sie dieses Gefühl in Ihre Rumpelkammer: Sie zerkleinern es in viele kleine Fetzen, mischen diese unter den Haufen der übrigen noch unaufgearbeiteten Erfahrungen und schließen die Tür. Aber es hilft nicht, die als »lästig« empfundenen Gefühle zu verstecken oder in die Rumpelkammer zu stopfen. Irgendwie schlüpfen sie immer heraus. Vielleicht ertappen Sie sich dabei, daß Sie lächelnd den Küchenschrank zuknallen.

Außerdem ist jede Rumpelkammer irgendwann einmal voll. So sehr Sie den Müll auch zusammendrücken, vielleicht sogar umsortieren, Sie kriegen die Tür einfach nicht mehr zu. Sie können sie nicht mehr verschließen. Es ist an der Zeit, den Müll zu entsorgen. Auch Ihre persönliche Rumpelkammer ist irgendwann bis an den Rand gefüllt. »Das Faß läuft über«, und zwar gewöhnlich mit aufgestauter Wut. Sie legen eine »Toleranz-Pause« ein.

Wenn meine Rumpelkammer voll ist und ich eine »Toleranz-Pause« einlege, löst sich meine gewöhnlich ruhige und nette Art in Rauch auf. Ich kann dann ziemlich anstrengend werden und mir meinen Ärger über den Vorfall von der Seele brüllen, der mich endgültig aus der Fassung gebracht hat. Kurze Zeit später erschrecke ich dann über mich selbst und entschuldige mich für meinen Ausbruch. Die Gefühle bei diesem Ausbruch haben mit dem aktuellen Geschehen so gut wie nichts zu tun. Sie sind nur zufällig das letzte Stück Müll gewesen, das ich in meine Rumpelkammer stopfen wollte. Während einer »Toleranz-Pause« kann sich die »nette Frau« in einen rasenden Racheengel verwandeln - zu ihrem eigenen und zum Schrecken ihrer Umwelt. Sie sind selbst darüber dermaßen überrascht, daß es Sie fast umhaut.

Dorothy lebt irgendwo in den Südstaaten auf dem Land. Sie erzählte mir von einer Frau, die nicht weit von ihr in derselben Straße wohnte. Diese Frau, berichtete sie, wäre eines Tages völlig überraschend total ausgerastet. Als mir Dorothy die Geschichte erzählte, verstand ich nicht ganz, was mit der Frau eigentlich passiert war. Ich wußte, sie hatte sechs Kinder, einen Haufen Hunde und Katzen, ein paar Ziegen, ein störrisches Maultier und einen Mann, der so gut wie nie zu Hause erschien - und keinerlei regelmäßige Einkünfte. Wenn ich an sie zurückdenke, wird mir klar, daß sie wahrscheinlich, so gut es ging, zu allen nett sein und ihre Kinder nach Möglichkeit gut versorgen wollte. Aber sie schleppte eine gewaltige Rumpelkammer mit sich herum, vollgepackt mit Wut. Jahraus, jahrein kämpfte sie darum, daß ihre Kinder ein Dach über dem Kopf und etwas auf dem Tisch hatten. Schließlich reichte die Kraft nicht mehr; sie brach zusammen. Als alle Stricke rissen, schossen die vielen Jahre der Bitterkeit, Verletzung und Wut über das ohnmächtige Ausgeliefertsein ihres Lebens hervor. Die »nette Frau« konnte ihre Wut nicht länger hinunterschlucken. All die um des lieben Friedens willen fast seit Ewigkeiten aufgestauten Gefühle entluden sich explosiv, daß die Fetzen flogen.

Man kann seine Wut jedoch auch konstruktiv äußern und einsetzen. Melody Beattie macht dazu in »Die Sucht, gebraucht zu werden« eine Reihe von Vorschlägen.

Fühlen Sie Ihre Gefühle.

Wie jede andere Emotion produziert auch Wut emotionale Energie. Wut ist so gut oder berechtigt wie jede andere Emotion. Wenn sie denn da ist, nehmen Sie sich die Freiheit, sie auch tatsächlich zu fühlen. Ich muß mich bei Wut sofort bewegen. Ich kann ihre Energie durch meinen Körper rauschen fühlen, so als wollte sie sich gleich entladen. Mein Herz schlägt schneller, und ich atme heftiger.

Einmal saß ich mit einem Freund im Auto und wurde aus irgend einem Grund sehr wütend auf ihn (warum, daran kann ich mich beim besten Willen nicht mehr erinnern). Ich hielt auf der Stelle an, parkte auf dem Seitenstreifen des Highway, stieg aus und begann zu laufen. Wahrscheinlich hätte ich in dem Augenblick einen neuen 100-m-Rekord aufstellen können. Allmählich verebbte die kinetisch spürbare Energie, ich konnte wieder klar denken. Ich ging zum Wagen zurück, stieg ein und war in der Lage, mich über den Vorfall auszusprechen.

Achten Sie darauf, welche Gedanken die Emotion begleiten.

Verfolgen Sie genau, welche Gedanken Ihre Wut begleiten. Untersuchen Sie, ob Sie charakteristische Muster oder Wiederholungen erkennen können.

Ich zum Beispiel werde immer dann wütend, wenn man mein gewöhnlich hohes Lebenstempo bremst. Meine Tage sind vollgepackt mit Terminen (klar, für den Plan bin ich natürlich selbst verantwortlich). Deswegen fahre ich gern schnell. Dann hängt einer vor mir, der sich stur an die Geschwindigkeitsbegrenzung von 55 Meilen hält. Das Schneckentempo macht mich rasend, und ich frage mich, warum mich Langsamkeit derartig auf die Palme bringen kann.

Die Antwort: weil ich dann nicht rechtzeitig ans Ziel kommen werde oder nicht alles erledigen kann, was ich mir vorgenommen habe. Dieses Denkmuster stelle ich nun ebenfalls in Frage: Warum muß ich eigentlich alle Pflichten genau nach Plan in genau dem Zeitraum erledigen, den ich mir selbst vorgegeben habe? Um mich aus meiner Wut zu lösen, versuche ich, mich von jenen Denkmustern zu befreien, die den Plan erstellen, der mein Leben »verplant«. Ich habe den Plan geschrieben, also werde ich den Plan doch wohl ändern können.

Entscheiden Sie verantwortungsbewußt, ob Sie überhaupt etwas unternehmen sollen.

Versuchen Sie dahinter zu kommen, was Ihre Wut Ihnen sagen möchte. Gibt es Bedürfnisse, die Sie sich nicht befriedigt haben? Spielen sich in Ihrer unmittelbaren Umwelt Dinge ab, die Sie besser ändern? Vielleicht müssen Sie einem nahestehenden Menschen sagen, was Sie von ihm oder ihr brauchen. Sie könnten auch sich selbst fragen: »Habe ich Angst davor, übergangen zu werden?« »Habe ich Angst, etwas in eigener Verantwortung und Regie zu tun?«

Vielleicht werden Sie manchmal böse auf eine Freundin oder einen Freund, weil sie Ihnen nicht rechtzeitig mit einem kurzen Anruf Bescheid sagen, daß sie sich verspäten werden. Warum ärgern Sie sich darüber? Befürchten Sie, daß sie mit dem Auto verunglückt sein könnten? Daß Sie sie deswegen verloren haben könnten? Oder fühlen Sie sich gekränkt, weil man offensichtlich nicht an Ihre Gefühle gedacht hat? Es ist wichtig, daß Sie über solche und ähnliche Fragen Klarheit gewinnen. Sobald Sie nämlich wissen, was hinter den Gefühlen steckt, können Sie um das bitten, was Ihnen helfen wird, mit den Gefühlen umzugehen.

Lassen Sie Ihre Wut nicht Ihre Reaktion bestimmen.

Sie müssen nicht unkontrolliert herumbrüllen. Gut und schön, es mag befreiend sein, sich den Ärger von der Seele zu schreien. Manchmal ist aber auch noch etwas anderes zu tun. Vielleicht benötigen Sie eine »Aus-Zeit«. Gehen sie dann an einen ruhigen Ort, möglichst weit weg vom Objekt oder Auslöser Ihrer Wut.

Wenn Connie wütend wird, redet, weint und schreit sie durcheinander, und je mehr sie sich in die Sache hineinsteigert, desto erregter wird sie. Sie verdammt die Welt in Bausch und Bogen (»Die Menschen sind ja soooo schlecht!!!«) und gibt dem Unglücklichen, der sich das alles mitanhören muß, die Schuld an allen Problemen, mit denen sie in ihrem Leben nach ihrer Meinung zu kämpfen hat. Sie läßt sich von Ihrer Wut vollkommen kontrollieren und gestattet sich keine »Aus-Zeit«, die ihr ermöglicht, über ihre eigentlichen Bedürfnisse und Wünsche nachzudenken. Dabei wäre es so einfach, ein paarmal tief durchzuatmen, in ein anderes Zimmer zu gehen, einen kleinen Spaziergang oder was auch immer zu machen, um die negative Dynamik zu brechen, die alles herunterzieht und kaputt macht.

Sprechen Sie zum richtigen Zeitpunkt ganz offen und ehrlich über Ihre Wut.

Achten Sie darauf, wie Sie auf andere zugehen und sprechen Sie auf keinen Fall mit einem Betrunkenen oder mit jemandem, der vollkommen aufgebracht oder erschöpft ist. Wählen Sie Zeit und Ort so, daß der andere Ihnen aller Wahrscheinlichkeit nach auch zuhören wird.

Molly ist Hausfrau und kümmert sich um die Kinder. Am Ende ihres langen Tages ist sie müde und gereizt, und sie steigert sich in den Gedanken hinein, daß ihr Mann ihr mit den Kindern nicht genug hilft. Wenn er dann um sechs endlich nach Hause kommt, fängt sie ihn gleich bei der Tür ab und beschwert sich darüber, daß er ihr im Haushalt nicht genug hilft und genau damit am besten gleich jetzt anfangen sollte. Da er ebenfalls einen anstrengenden Tag hinter sich hat, reagiert er nicht gerade freundlich auf diesen Überfall zwischen Tür und Angel.

Molly könnte sich ihr Anliegen sehr erleichtern. Sie braucht nur vorzuschlagen, daß sie sich später am Abend noch über etwas unterhalten möchte, was ihr auf dem Herzen liegt – nach dem Essen, nachdem die Kinder ins Bett gebracht wurden, man die Post gelesen und sich ein bißchen entspannt hat. Der richtige Zeitpunkt kann sich auf Ihre Sache und die Reaktion des anderen ungeheuer positiv auswirken.

Übernehmen Sie Verantwortung für Ihre Wut.

Nicht er hat Sie wütend gemacht, Sie selbst sind wütend. Was er getan hat, war vielleicht das auslösende Moment. Darauf haben Sie reagiert, und deswegen sind Sie für die Reaktion auch verantwortlich. Wie oft höre ich Leute sagen: »Er hat mich auf die Palme gebracht, weil er grundsätzlich das Gegenteil von dem tut, was ich ihm sage.« Es ist mir klar, daß die meisten in dieser Aussage eine legitime Verknüpfung von Ursache und Wirkung erkennen. Ich hingegen bin davon überzeugt, daß Ihre derartigen Reaktionen und Gefühle auf Ihrer eigenen Interpretation und Lebenserfahrung beruhen. Kein Mensch in der Welt kann Sie zwingen, dieses oder jenes zu fühlen. Wenn jemand sagt: »Du hast mich dazu gebracht, deinetwegen habe ich die Kontrolle über mich verloren!«, höre ich: »Ich lehne es ab, mich für meine eigenen Gefühle und Reaktionen zu verantworten.«

Lassen Sie die Energie der Wut abbrennen.

Transformieren Sie die Energie: Waschen Sie den Wagen, gehen Sie eine Runde joggen, räumen Sie den Kleiderschrank auf, hören Sie laut Musik, tanzen Sie im Zimmer umher - was auch immer. Ich mache zumeist einen kleinen Spaziergang, um vom Objekt meiner Wut wegzukommen. Dabei verbrennt auch die physische Energie. Mein Herz schlägt wieder normal, und ich kann die Situation unvoreingenommen überdenken.

Schlagen Sie in Ihrer Wut nicht um sich.

Lassen Sie sich bei Ihrem Wutausbruch nicht dazu hinreißen, andere zu schlagen oder anderweitig zu mißbrauchen. Suchen Sie professionelle Hilfe, wenn es zu Gewaltanwendung gekommen ist. Da Wut gewaltige physische Energien freisetzen kann, wirft man vielleicht irgend etwas an die Wand - oder schlägt auf den anderen ein. Vor allem Männer haben gelernt, Ihre Gefühle physisch abzureagieren. Vollkommen unakzeptabel ist und bleibt jedoch, die Energie der eigenen Wut dadurch abzubrennen, daß man einen anderen schlägt.

Schreiben Sie Briefe, die Sie nicht absenden.

Schreiben Sie den Menschen, auf die Sie wütend sind. Sie können eine Menge negativer Energie abbrennen, wenn Sie sich Ihren Ärger von der Seele schreiben. Das wird Ihnen vor allem helfen, Schuldgefühle zu umgehen und Klarheit zu gewinnen, so daß Sie besser wissen, was Sie vom anderen eigentlich wollen.

Vor ein paar Jahren ging Martha durch eine schmerzliche Trennung von ihrem Lebenspartner. Sie war sehr verletzt und wütend auf ihn, aber er war immerhin ihr bester Freund und einige Jahre der Mann gewesen, den sie liebte. Sie wollte den Kontakt nicht völlig zerstören.

Im ersten Monat nach der Trennung schrieb sie ihm Briefe - allerdings nur in eine Kladde. Sie sandte diese Briefe niemals ab, schrieb ihm dessen ungeachtet aber immer weiter. Da passierten zwei Dinge. Erstens wurde ihr klar, was sie für ihn fühlte und was ihr die Situation bedeutete. Zweitens konnte sie ihm endlich ihre Bedenken mitteilen, ohne dabei so wütend zu werden, daß sie sich nicht mehr in der Gewalt hatte. Sie war in der Lage, sich klar und deutlich zu äußern, konnte ihre eigenen Gefühle dabei spüren und vermied, den anderen vollends vor den Kopf zu stoßen.

Sehen Sie zu, daß Sie Ihre Schuldgefühle loswerden.

Klammern Sie sich nicht krampfhaft an Ihre Schuldgefühle. Werfen Sie sie von sich - in hohem Bogen! Schuldgefühle sind absolut unproduktiv und machen nur Probleme. Unter ihrer Einwirkung sitzen Sie fest und fühlen sich als Opfer. Was Sie dagegen tun können, habe ich schon an anderer Stelle beschrieben: Sie stellen sich vor, daß Sie Ihre Schuldgefühle in einen Schuhkarton packen. Diesen Karton verschließen Sie fest, schieben ihn ganz hinten in das oberste Fach im Schrank und schließen die Tür. Das tun Sie jedes Mal, wenn Schuldgefühle Sie überkommen.

Was Sie tun können: Schreiben Sie auf, wie die Menschen, mit denen Sie im Augenblick zusammenleben, mit ihrer Wut umgehen. Schreiben Sie auf, wie Ihre Mutter, Ihr Vater und Ihre Geschwister mit ihrer Wut umgegangen sind oder umgehen. Schreiben Sie auf, wie Sie selbst zum gegenwärtigen Zeitpunkt mit der eigenen Wut umgehen. Wenn Wut Sie beunruhigt, achten Sie darauf, immer ein Stück Papier und einen Stift bei sich zu haben. Sobald sie wütend werden, schreiben Sie auf, wie Ihre Wut gerade zum Ausdruck kommt.

Nähe

In »Die Sucht, gebraucht zu werden« beschreibt Melody Beattie die selbstzerstörerischen Muster des Schwankens zwischen Nähe und Ausweichen. Vielleicht haben Sie in Ihren Beziehungen immer wieder dieselben Probleme. Vielleicht haben Sie den Eindruck, daß Ihnen die anderen immer wieder das gleiche antun. Deswegen sollten Sie den Zusammenhang zwischen Ihren gegenwärtigen und vergangenen Beziehungen einmal näher untersuchen.

Co-Abhängige verwechseln Gebraucht-Werden mit Geliebt-Werden. Sie fühlen sich zu Menschen hingezogen, die sie brauchen. Deswegen wählen sie tatsächlich bedürftige PartnerInnen: AlkoholikerInnen, emotional Unerreichbare, Depressive, die es bei keiner Arbeit lange aushalten.

Wenn Sie sich einmal für einen solchen Mann entschieden haben, werden Sie wahrscheinlich zu ihm halten, auch wenn er

Ihnen zur Befriedigung Ihrer Bedürfnisse nur wenig bieten kann. Für eine gewisse Zeit reicht es Ihnen, gebraucht zu werden, ungeachtet der Tatsache, daß Sie sich nicht auf ihn verlassen können. Er wird weder für Sie sorgen können, noch tun, was er zu tun versprach.

Sie sind zwanghaft auf einen Menschen fixiert, sobald Sie nur über ihn und über nichts und niemand anderes mehr reden können. Sie haben diesem Menschen die Macht gegeben, vollkommen über Sie zu verfügen: er geht in jedem Fall vor. Das heißt, Sie gestatten ihm, die anderen Bereiche Ihres Lebens empfindlich zu stören. Ihre Sorgen und Zwangsvorstellungen bringen Sie so vollkommen durcheinander, daß Sie nicht einmal Ihre eigenen Probleme mehr lösen können. Sie haben die Verbindung zu sich selbst verloren, wenn Sie sich einem anderen derartig verpflichtet fühlen. Sie haben Ihre Kraft und Ihre Stärke verspielt, selbständig zu denken, zu fühlen, zu handeln und gut für sich zu sorgen. Sie sind sich selbst entfremdet.

Intimität oder Nähe wird oft mit Sexualität verwechselt. Natürlich kann Nähe auch Sex einschließen, ist aber sehr viel mehr als Sex. In »Zärtliches Tempo« sagt Harriet Goldhor-Lerner: »Intimsein heißt, daß Sie in der Beziehung Sie selbst sein können und dem Partner dieselbe Freiheit zugestehen.« Diese Eigenständigkeit erfordert jedoch aktive Mitwirkung: Sie haben keine Angst, offen über die Dinge zu reden, die Ihnen wichtig sind; Sie beziehen einen klaren Standpunkt bei allen heiklen und Ihnen emotional wichtigen Fragen; und Sie machen deutlich, was Sie in der Beziehung zu akzeptieren und tolerieren bereit sind, und ziehen damit verbindliche Grenzen. Indem Sie dem anderen dieselbe Freiheit zubilligen, geben Sie zu erkennen, daß Sie ihm und seinem individuellen Denken, Fühlen und Glauben emotional verbunden bleiben können, ohne ihn verändern, überzeugen und »bessern« zu müssen.

Das Gute daran ist: Sie können diese neue Form menschlicher Nähe erlernen. Zu diesem Zweck müssen Sie sich »zurücknehmen«. Sich zurückzunehmen ist zuerst ein wenig schwierig, am Ende tut es jedoch allen Beteiligten nur gut. Die Anonymen Alkoholiker haben einmal ein »Distanz-Merkblatt« herausgegeben. Darauf stand sinngemäß: Sich zurückzunehmen heißt, sich geistig, emotional und manchmal auch physisch aus der ungesundenVerstrickung mit dem Leben und den Pflichten eines anderen zurückzuziehen und sich nicht länger mit Problemen herumzuschlagen, die man nicht lösen kann.« Sich zurückzunehmen heißt, die Finger aus anderer Leute Angelegenheiten zu lassen.

Jeder ist nur für die eigenen Handlungen, Gefühle und Gedanken verantwortlich. Sie müssen auf Ihre eigenen Handlungen und nicht die des anderen achtgeben. Sie dürfen sich nicht länger wie unter einem stummen Zwang nur mit den Gefühlen, Gedanken und Handlungen des anderen befassen. Wesentlich mehr hilft Ihnen, wenn Sie sich von nun an auf Ihre eigenen Gedanken, Gefühle und Handlungen konzentrieren.

Sich zurückzunehmen heißt auch, »im Augenblick leben«, im »Hier und Jetzt« sein. Sehen Sie der Wirklichkeit ins Auge und respektieren Sie die natürliche Ordnung. Sie dürfen darauf vertrauen, daß alles gut ist, trotz aller Konflikte. Sie können am anderen Anteil nehmen, ihn lieben und für ihn sorgen, ohne Gefühl der Machtlosigkeit und ohne das Gefühl, für ihn verantwortlich zu sein.

In »Die Sucht, gebraucht zu werden« sagt Melody Beattie, sich zurückzunehmen sei sowohl eine bewußte Handlung als auch eine Kunst. Sie kann Ihnen in Fleisch und Blut übergehen. Sogar wenn Sie wütend sind, können Sie sich noch liebevoll zurücknehmen. Sie haben endlich den Freiraum, sich um sich selbst zu kümmern, wenn Sie sich von einem Menschen zurücknehmen, über den Sie früher sehr viel nachgedacht, geredet und sich gesorgt haben.

Veränderung ist die einzige Konstante in einer Beziehung. Beziehungen sind nicht unveränderlich, sondern unterliegen zyklischem Wandel. Es gibt Zyklen der Auseinandersetzung, Nähe, Leidenschaft, Langeweile, Ferne, Zyklen von Schmerz und Wachstum. Wenn Sie sich in einer Beziehung wirklich auf das Wagnis der Nähe einlassen wollen, müssen Sie sich auch auf die Zyklen einlassen und sie durchstehen. Dafür ist von beiden Partnern ein hohes Maß an Flexibilität und Ehrlichkeit gefordert.

Was Sie tun können: Schreiben Sie darüber, wenn es in Ihrem Leben einen Menschen oder ein Problem gibt, über den Sie sich übermäßig sorgen oder an das Sie sich krampfhaft klammern. Schreiben Sie, soviel Ihnen dazu einfällt. Wenn Sie wirklich alles aufgeschrieben haben, konzentrieren Sie sich auf sich selbst. Schreiben Sie nun auf, was Sie selbst fühlen und denken. Was fühlen Sie dabei, sich von diesem Menschen zurückzunehmen? Was wird geschehen, wenn Sie sich zurücknehmen? Was geschieht, wenn Sie sich nicht zurücknehmen? Hat das Klammern und Festhalten etwas gebracht? Was haben all die Sorgen, Zwangsvorstellungen und Einmischungsversuche genützt? Was würden Sie am heutigen Tag, jetzt, in dieser Woche tun, wenn es nicht diesen einen Menschen in Ihrem Leben gäbe? Nehmen Sie sich ausreichend Zeit und visualisieren Sie Ihr Leben ohne diesen Menschen.

Wandlung zum Nicht-Abhängigsein

»Ich bin ja doch nicht gut genug!« sagen Sie, wenn Sie Ihr Leben für einen anderen Menschen leben, ganz gleich, ob für Ihre Eltern, Ihren Geliebten, Ihre Geliebte, Ihre Chefin, Ihren Chef. Dies wiederum erzeugt Selbsthaß und Ablehnung. Mit der Devise »Ich komme zuerst!« sorgen Sie hingegen gut für sich. Mit Selbstsucht hat das nichts zu tun, wohl aber mit gesunder Eigenliebe. Jetzt sind Sie Ihre eigene Mutter und Ihr eigener Vater und übernehmen selbst das Kommando. Sie können Ihr Leben verwandeln, stark werden, Ihres Lebens wahrhaft froh.

Viele Gewinne und Verluste sind damit verbunden, wenn Sie Ihre Antworten nicht mehr bei anderen, sondern in sich selbst suchen. Sie entdecken neue Möglichkeiten des Fühlens, Handelns und freieren und unbeschwerteren Zusammenseins mit sich selbst und anderen. Mit der neuen Freiheit, lang unterdrückte Gefühle zu äußern, ist die Angst vor ihrer Verantwortung und ihrem Besitz verbunden. Wenn Sie ehrlich sind, werden Sie sogar zugeben müssen, daß die Wahrung seelischen Glücks in einer süchtigen und suchtfördernden Gesellschaft leicht in einen fortwährenden Kampf ausartet.

Die meisten von uns müssen in Organisationen arbeiten, die von Ihnen eine strikte Befolgung der »Richtlinien« erwarten, auch wenn diese Richtlinien Menschen wehtun und schaden. Die Kirche erwartet von ihren Gemeindemitgliedern, daß sie ihre Dogmen akzeptieren, selbst wenn sie eigentlich nicht mehr daran glauben oder eben diese Dogmen bestimmte Minderheiten von vornherein ausschließen. Sobald Sie wirklich fühlen und Ihre Gefühle und Gedanken offen zum Ausdruck bringen, werden Sie sich auch häufiger kämpferisch mit den Systemen auseinandersetzen müssen, in denen Sie leben und arbeiten.

Eltern von physisch und geistig gestörten Kindern können viele Geschichten davon erzählen, wie sie sich nach der Geburt ihres Kindes plötzlich ändern, kämpfen und diesen Kämpfen Ausdruck geben mußten. Penny sagte, sie sei ruhig und passiv gewesen und hätte sich stets auf das Wort von Lehrern, Ärzten und anderen verlassen. Jetzt hingegen stellt Penny fest: »Ich habe das Gefühl, daß ich mich unablässig mit irgendwelchen Fachleuten herumschlagen muß. Um für mein Kind auch nur zu erreichen, was ihm zusteht, muß ich mich mit der Schulverwaltung streiten, die mein Kind nicht unterrichten will. Ich muß auf meine Beteiligung bei den anfallenden medizinischen Entscheidungen drängen, damit mein Kind im Krankhaus richtig behandelt wird.« Die Verwandlung geschah, als sie mit der Realität ihres behinderten Kindes und seiner besonderen Bedürfnisse konfrontiert war.

In gewisser Hinsicht haben wir alle unsere ganz speziellen Bedürfnisse, aber wir sind gezwungen, uns in der Schule, beim Arzt oder am Arbeitsplatz mit Systemen zu befassen, die nicht auf die Befriedigung dieser Bedürfnisse angelegt sind. Man leitet uns dazu an, den Mund zu halten, uns anzupassen, den Vorschriften zu folgen. Verursachen Sie irgendwelchen Ärger, wenn Ihr Vorgesetzter möchte, daß Sie sich ganz im Sinne des »Teams« einsetzen, haben Sie gleich Ihren Stempel weg: dann sind Sie der Unruhestifter.

Sie werden sehr bald die bequeme Anonymität verlieren, wenn Sie sich mehr auf sich selbst beziehen und Ihre Wünsche anmelden. Sie spüren, daß Sie mit anderen Menschen oder Systemen in Konflikt geraten werden, sind nicht mehr »Frau Nett« oder »Herr Freundlich«.

Nettigkeit kann der Unehrlichkeit so nahe sein, daß sie sich kaum mehr voneinander unterscheiden lassen. Wenn Sie sich also für einen »netten Menschen« gehalten haben und obendrein stolz darauf waren, werden sie dieses Selbstbild durch Ihre neue Ehrlichkeit sich selbst und anderen gegenüber nun verlieren. Kann sein, daß Sie auch ein wenig den »guten alten Tagen« nachtrauern, als das Leben noch leichter war - den guten alten Tagen der Unschuld, als Sie noch nicht wußten, was Sie eigentlich wollten. Bedenken Sie dann, daß jene aber auch Tage der Verwirrung, Frustration und Depression gewesen sind.

Wie die Gesundung beginnt

Die »Checkliste zum Prozeß der Gesundung« im Anhang wird Ihnen helfen, die Stärken, aber auch die Schwachstellen Ihrer Gesundung zu identifizieren. Sie können mit ihrer Hilfe für sich neue Etappenziele festlegen oder verstehen lernen, wie Sie Ihre Gesundung überhaupt angehen sollen.

Oft wird Ihnen die Notwendigkeit der Veränderung klar, wenn Ihr Leben eine Unterbrechung erfährt. Das kann eine Krankheit sein, ein Todesfall, die Geburt eines Kindes, neue Verantwortung am Arbeitsplatz, ein langer Urlaub, eine neue Liebe oder eine Scheidung - oder jede andere erwartete oder unvorhergesehene Veränderung.

Die Notwendigkeit der Veränderung offenbart sich Ihnen, wenn Sie Zeit zum Nachdenken haben oder wenn Sie durch äußere Eingriffe gezwungen werden, Ihre Lebensführung neu zu bewerten. Ist der Prozeß dann einmal in Gang gekommen, werden Sie wahrscheinlich sehr viele Aspekte Ihres Lebens untersuchen. Sie werden sich unter Umständen fragen, ob Sie in Ihrem ganzen Leben überhaupt jemals wirklich wach oder bewußt gewesen sind. John und Linda Friel schreiben in »Adult Children«:

...unabhängig von allen Symptomen und Lebensumständen sind wir doch ausnahmslos erwachsene Kinder funktionsgestörter Familien, weil uns vor langer Zeit etwas Unschönes passiert ist. Es ist mehr als nur einmal passiert. Es hat uns verletzt. Wir haben uns in der einzigen uns damals bekannten Weise davor zu schützen gesucht. Wir schützen uns auch jetzt noch. Aber es bringt uns nichts mehr.

Sie werden sich wahrscheinlich zu ändern beginnen, sobald Sie die Notwendigkeit einsehen. Mir ist es passiert, als ich vor ein paar Jahren schwer krank wurde. Ich war gezwungen, meinen Lebensstil aufzugeben, meinen endlosen Marathon des Gehetztseins. Mein Leben war unterbrochen, und die Botschaft sprach eine deutliche Sprache: Etwas war faul in meinem Leben. An genau diesem Punkt begann ich mich zu ändern.

Ich ging in mich, um herauszufinden, wie ich meinem Leben neuen Sinn geben konnte. Ich dachte darüber nach, was mir wohltat: was für eine Art Arbeit, welche Art Freunde, welche Hobbys und Freizeitbeschäftigungen. Die Veränderung begann, als ich die Antworten auf diese Fragen in mir selbst suchte. Ich erkannte, daß ich die eingebildete Kontrolle abgeben und wahre Kontrolle gewinnen konnte, wenn ich mir selbst in die Augen sah, tat, was ich für richtig hielt, und anderen sagte, was ich in mir entdeckt hatte.

Wie sich positive Veränderung anfühlt

Sie müssen kontinuierlich und beharrlich auf sich achtgeben, wenn Sie sich verändern und nie mehr abhängig sein wollen. Viele Jahre der bereitwillig akzeptierten Erziehung und Sozialisierung haben Sie gelehrt, sich so zu geben, wie Sie es jetzt gewöhnt sind. Man hat Sie immer wieder dazu angehalten, wie die anderen zu sein, keinen Ärger zu machen, das Nest nicht zu beschmutzen. Veränderung ist ein Kampf. Er erfordert, daß Sie auf alles achtgeben, was Sie sagen, fühlen und denken. Und er bedeutet, daß andere sich Ihrer Veränderung widersetzen werden, weil sie sich an ein ganz bestimmtes Verhalten von Ihnen gewöhnt haben. Es liegt an Ihnen, die Änderungen durchzusetzen und für Ihr neues Selbst die notwendige Unterstützung zu finden. Sie werden großen Gewinn ernten, wenn Sie sich tatsächlich dazu durchringen können.

Positive Veränderung wird Ihnen ein neues Lebensgefühl bescheren. Sie zeigt sich unter anderem so:

○ Sie spüren die Gegenwart neuer Möglichkeiten: Sie haben wieder Hoffnung.

○ Das Leben ist aufregend; anstatt Anlaß zu Bedenken und Angst ist die Zukunft jetzt auf einmal wahnsinnig interessant.

○ Wenn Sie Ihre Wut zeigen, können Sie der Zukunft trotzdem hoffnungs- und erwartungsvoll entgegensehen.

○ Sie atmen frei.

○ Sie erkennen die unmöglich zu beherrschenden Bereiche Ihres Lebens und lassen diese los.

○ Sie geben sich jeden Tag die notwendige Bestätigung; wenn das Leben sich schwer anfühlt, bauen Sie mit Affirmationen Ihr Selbstwertgefühl wieder auf.

○ Sie sind stolz auf sich und haben ein gesundes Selbstbewußtsein; Sie schenken sich selbst die nötige Anerkennung.

Diese Gefühle stellen sich in unterschiedlichem Tempo ein,
einige schneller, andere langsamer. Geduld ist wichtig. Sie brauchen
sie beim Prozeß Ihrer Veränderung. Es hat viele Jahre gedauert, bis
Sie die Ihnen jetzt vertrauten Verhaltensmuster erlernt hatten.
Deswegen brauchen Sie jetzt eine gewisse Neuanpassung und Übung.
So können Sie sich zu ihrem Vorteil ändern. So werden Sie nie mehr
abhängig sein.

Anhang

Checkliste zum Prozeß der Gesundung

_____ Ich kann meine täglichen Aufgaben und Pflichten wahrnehmen.

_____ Ich kann mein Tagesziel und meine langfristigen Ziele erreichen.

_____ Ich kann gut für mich sorgen.

_____ Ich kann meinen Kindern und allen Erwachsenen gewisse Grenzen setzen und mich daran halten.

_____ Ich kann konstruktiv planen.

_____ Ich kann mein jeweiliges Verhalten selbst bestimmen.

_____ Ich kann mir die für mein Wohlbefinden nötige Ruhe gönnen.

_____ Ich kann meinen Groll loslassen.

_____ Ich kann alles so nehmen, wie es ist, und muß nichts mehr verleugnen oder verdrängen.

_____ Ich kann darauf verzichten, andere zu kontrollieren (oder mich von ihnen kontrollieren zu lassen).

_____ Ich kann berechtigte Kritik und die Meinung anderer ungeschönt annehmen.

_____ Ich kann von übertriebener Selbstkritik ablassen und muß auch andere nicht länger zwanghaft kritisieren.

_____ Ich kann dankbar sein und brauche mich weder zu bedauern noch Mangel zu leiden.

_____ Ich kann verantwortungsbewußt mit Geld umgehen und bin weder knauserig noch gebe ich zuviel aus.

_____ Ich kann mich verantwortungsbewußt ernähren, esse nicht zuviel und nicht zu wenig.

_____ Ich kann darauf verzichten, mich vor meinen Gefühlen in Sex oder Arbeit zu flüchten.

_____ Ich kann selbstverantwortlich sein und muß andere weder zum Südenbock noch zum Schuldigen stempeln.

_____ Ich kann meine Wünsche und Bedürfnisse würdigen.

_____ Ich kann mich aus dem Selbstbild des Opferseins lösen.

_____ Ich kann mich frei von Angst und Unsicherheit fühlen.

_____ Ich kann frei von Schuldgefühlen und falscher Scham sein.

_____ Ich kann frei von Sorgen und Zwangsvorstellungen sein.

_____ Ich kann mich aus dem Gefühl übermäßiger Verantwortung für andere befreien.

_____ Ich kann einer höheren Macht vertrauen.

_____ Ich kann mein Selbst würdigen und ihm vertrauen.

_____ Ich kann sinnvoll entscheiden, wem ich mich anvertrauen darf.

_____ Ich kann den für meine Genesung wichtigen regelmäßigen Verpflichtungen nachkommen (besuche regelmäßig meine Gruppe und so weiter).

_____ Ich kann meinen Geist ruhig und klar halten, logisch denken und mich aus jeder Verwirrung lösen.

_____ Ich kann alle meine Gefühle fühlen und selbst mit meiner Wut angemessen umgehen.

_____ Ich kann mich in vernünftigem Maße mitteilen.

_____ Ich kann mich mit vernünftigen Erwartungen an mich und andere zufriedengeben.

_____ Ich kann zugeben, daß ich Menschen brauche - aber nicht bis zur Selbstaufgabe.

_____ Ich kann mich bei mir selbst sicher aufgehoben fühlen und mich sinnvoll bestätigen.

_____ Ich kann mich klar, direkt und ehrlich mitteilen.

_____ Ich kann meine Stimmungsschwankungen ausgleichen.

_____ Ich kann den Kontakt zu meinen Freundinnen und Freunden pflegen.

_____ Ich kann mich Menschen nah und verbunden fühlen und muß weder einsam noch isoliert bleiben.

_____ Ich kann für mein Leben eine gesunde Perspektive entwerfen, so daß mir das Leben lebenswert erscheint.

_____ Ich kann mein Leben ohne Alkohol und Tabletten meistern.

_____ Ich kann mich über meine Arbeit freuen, in der Freizeit entspannen und jeden Tag genießen.

_____ Ich kann mir selbst und anderen positives Feedback geben.

_____ Ich kann positives Feedback wirklich akzeptieren und meinem Selbst gestatten, aus vollem Herzen daran zu glauben.*

---

*Aus Melody Bettie: Unabhängigsein - jenseits der Sucht, gebraucht zu werden; die Checkliste basiert zum Teil auf »Relapse Warning Signs for Co-Alcoholism« von Terence T. Gorski und Merlene Miller für den Beitrag »Co-Alcoholic Relapse« in: Co-Dependency - An Emerging Issue, Hollywood (Florida), Health Communications Inc., 1984.

Retter-Checkliste

Die Checkliste kann Ihnen zeigen, ob Sie dazu neigen, Ihre Mitmenschen zu retten, und es nicht einmal merken. Sie ist mit der »Transaktions-Checkliste« identisch und dem »Wellness Workbook« von John Travis Jr. und Regina Sara Ryan entnommen; der Abdruck erfolgt mit ihrer Erlaubnis.

Beantworten Sie jede Frage mit einem Zahlenwert (0 für »selten oder nie«; 1 für »manchmal«; 2 für »häufig«.) Das X steht für eine wichtige Bezugsperson in Ihrem Leben, also Frau, Mann, Chef, Freundin, Freund, Kollegin und so weiter.

_____ Fällt es Ihnen schwer, sich für sich selbst Zeit zu nehmen und sich zu zerstreuen?

_____ Vollenden Sie Sätze für X, wenn sie/er beim Sprechen ins Stocken gerät?

_____ Überschreiten Sie Ihre selbstgesetzten Grenzen?

_____ Halten Sie sich dafür verantwortlich, daß X glücklich ist und bleibt?

_____ Gefällt es Ihnen, wenn X sich Ihre starke Schulter sucht und/ oder sich bei Ihnen ausweint?

_____ Glauben Sie, daß X Ihnen Ihre Unterstützung nicht ausreichend dankt?

_____ Kümmern Sie sich besser um X als um sich selbst?

_____ Ertappen Sie sich dabei, daß Sie X beim Sprechen unterbrechen?

_____ Achten Sie auf Hinweiszeichen, damit Sie X noch besser unterstützen können?

_____ Entschuldigen Sie X in Worten oder Gedanken?

_____ Leisten Sie mehr, als Sie eigentlich müßten? Tun Sie mehr für die Beziehung als X?

_____ Springen Sie für X ein, wenn sie/er sich einer Sache nicht sicher ist oder sie nicht gern erledigt?

_____ Gibst Du einige Aktivitäten auf, weil X sie nicht mögen würde?

_____ Glauben Sie wirklich zu wissen, was für X am besten ist?

_____ Meinen Sie, daß X ohne Sie nur schwer zurechtkäme?

_____ Sprechen Sie voreilig in der »Wir«-Form und merken zu spät, daß X gar nicht Ihrer Meinung ist?

_____ Halten Sie sich selbst zurück, weil Sie denken, daß X sich nicht wohlfühlt, wenn Sie etwas Bestimmtes sagen oder tun?

_____ Fällt es Ihnen schwer, nicht zu reagieren, wenn irgend jemand verletzt oder hilfsbedürftig erscheint?

_____ Stellen Sie fest, daß man sich wegen Ihrer Hilfsbereitschaft über Sie ärgert?

_____ Ertappen Sie sich dabei, Ratschläge zu geben, die weder willkommen sind noch akzeptiert werden?

_____ Endstand. Mehr als 10 Punkte: Sie könnten wahrscheinlich ein »Retter« sein; mehr als 20 Punkte: Sie sind wahrscheinlich ein »Retter«.

Kommentiertes
Literaturverzeichnis

Melody Beattie: **Codependent No More**: How to Stop Control-
ling Others and Start Caring for Yourself, New York, Harper & Row,
1987. (deutsch: **Die Sucht, gebraucht zu werden**, Wilhelm Heyne
Verlag, München, 1990): Die Autorin erklärt in leicht nachvollziehbaren Einzelschritten die Merkmale der Co-Abhängigkeit, woher
ihre Verhaltens- und Beziehungsmuster kommen, und wie sie uns
und unsere Mitmenschen beeinflussen. Sie bietet Hoffnung und
praktische Führung, stellt Wege zur bewußten Verhaltenssteuerung
vor und hilft Ihnen zu verstehen, daß Loslassen der Schlüssel zu Ihrer
Freiheit ist. Melody Beattie ist eine erfahrene Therapeutin, spezialisiert auf die Behandlung von Alkohol- und Tablettensucht.

Melody Beattie: **Beyond Codependency and Getting Better All
the Time**, San Francisco, Harper & Row, 1989: (**Unabhängigsein
- jenseits der Sucht gebraucht zu werden**, Wilhelm Heyne Verlag,
München, 1991): In ihrem zweiten Buch geht die Autorin über die
Darstellung der Co-Abhängigkeit hinaus und erkundet die Dyna-
miken der seelischen Gesundung. Sie beschreibt die wichtige, ja
unbedingt notwendige Rolle des »Recyclens« alter Emotionen und
führt aus, wie positive Affirmationen negative Botschaften aufheben
können. Ein Buch für Frauen und Männer, die mehr als nur
»überleben« wollen, sondern sich der Einsicht öffnen möchten, daß
die Befreiung aus Co-Abhängigkeit ein fortwährender, lebenslanger
Prozeß ist.

---

*Alle Zitate beruhen auf der englischen Ausgabe. Deswegen ist sie jeweils zuerst
genannt; die deutsche Ausgabe ist danach in Klammern angegeben. Anm. d.
Übers.

Betty Berzon: **Permanent Partners: Building Gay and Lesbian Relationships That Last**, New York, E. P. Dutton, 1988: Eine Therapeutin, spezialisiert auf die Arbeit mit gleichgeschlechtlichen Paaren, zeigt, wo die Probleme liegen, und bietet eine ganze Palette von Möglichkeiten zur fruchtbaren Auseinandersetzung. Auf der Grundlage ihrer 15jährigen Berufserfahrung auf dem Gebiet entwirft sie eine Strategie, mit deren Hilfe homosexuelle Männer und Frauen die Hindernisse überwinden können, die den Aufbau gesunder gleichgeschlechtlicher Liebesbeziehungen verhindern. Zu den Hindernissen zählen: Es gibt keine Rollenvorbilder, an deren Beispiel man sich für eine dauerhafte gleichgeschlechtliche Beziehung orientieren könnte; keine Unterstützung von außen (Arbeitgeber, Vermieter, Versicherungen, ja sogar die eigene Familie leisten keinerlei Hilfe); eine »Tradition des Versagens«; und keine Anleitungen oder Hinweise, wie der Mann sein Leben mit einem anderen Mann und die Frau ihr Leben mit einen anderen Frau Schritt für Schritt aufbauen könnten. Das Buch gibt homosexuellen Männern und Frauen neue Hoffnung für eine langfristige Zweierbeziehung.

Claudia Black: **Repeat after Me**, Denver, M.A.C. Printing and Publications, 1981: Problemfamilien bringen Problemkinder hervor. Problemkinder entwickeln sich zu nur bedingt lebensfähigen Erwachsenen. Dies ist ein Selbsthilfe-Buch, das den Leser Schritt für Schritt zur Überwindung seiner Probleme und dem Neubeginn eines gesünderen und glücklicheren Lebensstils führt. Die Autorin vergegenwärtigt ihren Lesern jedes typische Problem in allen seinen Aspekten und empfiehlt eine Reihe von theoretischen Überlegungen und praktischen Übungen, die den Prozeß der Genesung einleiten werden.

Timmen L. Cermak: **Diagnosing and Treating Co-Dependence - A guide for Professionals Who Work with Chemical Dependents, Their Spouses and Children**, Minneapolis, Johnson Institute Books, 1986: Dr. Cermak beschreibt die Kriterien für eine Diagnose auf Co-

Abhängigkeit und veranschaulicht sie anhand von zahlreichen Fall-beispielen. Darüber hinaus beschreibt er neue Ansätze zur Behand-lung von Co-Abhängigkeit, die über die gängigen Methoden hin-ausgehen.

John and Linda Friel: **Adult Children - The Secrets of Dysfun-ctional Families**, Deerfield Beach (Florida), Health Communicati-ons Inc., 1988: Die Autoren untersuchen die Erfahrungen von Kindern, die in einer funktionsgestörten Familie aufgewachsen sind. Sie zeigen, daß selbstgewählte chronische Arbeitsüberlastung, zwang-hafte Eßstörungen, gestörtes Intimleben, Depression und Gehemmt-sein im emotionalen Ausdruck ein Beziehungssystem hervorbrin-gen, das dem einer Alkoholiker-Familie sehr ähnlich ist. Mit ihrer leicht nachvollziehbaren Darstellung erklären sie, was damals ge-schah und was jetzt für eine gesunde Veränderung getan werden kann.

Carol Gilligan: **In a Different Voice**, Cambridge, Harvard Uni-versity Press, 1982: Nach Meinung der Autorin hat die Psychologie Frauen gewohnheitsmäßig und systematisch mißverstanden - ihre Motivation, ihre moralischen Verpflichtungen, den Verlauf ihrer seelischen Entwicklung und ihre Sicht der für sie wichtigen Dinge im Leben. Die meisten Entwicklungstheorien basieren auf der Beobachtung von Männer-Leben. Carol Gilligan versucht, die falschen Anschauungen der psychologischen Wissenschaft zu korri-gieren, und möchte ihr eine neue Sichtweise der weiblichen Persön-lichkeit nahebringen. Ihre These beruht auf gesundem Common Sense. Das Buch entwirft ein überzeugendes Bild der moralischen Entwicklung und des Lebenszyklus der Frau.

Herb Goldberg: **The Hazards of Being Male - Surviving the Myth of Masculine Privilege**, New York, Signet, 1977: Seit Men-schengedenken gehört die Welt dem Mann, sagt man(n). Und von klein auf hören die Männer, daß sie das starke und privilegierte

Geschlecht sind. Viel zu oft erkennen sie viel zu spät, daß zu ihren sogenannten Privilegien auch das Recht gehört, ein Leben der Enttäuschung, des Überdrusses und der Einsamkeit zu führen und früher zu sterben als ihre Frauen. Unerfüllbare Forderungen verkrüppeln ihre Seelen und bringen sie vorzeitig ins Grab, weil die Eltern den Durchschnittsmann dazu erziehen, die Gesellschaft ihn dazu konditioniert und die Frau ihn in diesem Selbstbild bestätigt, Geliebter, Gatte, Vater, Geldverdiener und bei all dem obendrein stark, unbeugsam und verschlossen zu sein.

Louise Hay : **You Can Heal Your Life**, Santa Monica, Hay House, 1984: Bevor die Autorin im Bereich der Esoterik zu lehren und Workshops zu geben begann, hatte man sie als unheilbar krebskrank diagnostiziert. Jetzt sagt sie: «Wenn Sie die geistige Arbeit wirklich auf sich nehmen wollen, ist fast jede Krankheit heilbar«. Sie bietet dem Leser viele praktische Schritte, sowohl die mit der Krankheit verbundenen Ängste als auch die verursachenden Faktoren aufzulösen. Ihr Leben hat sie der Aufgabe gewidmet, andere bei der Entdeckung und im Einsatz ihrer vollen Möglichkeiten ihrer kreativen Befähigung zu fördern.

Health Communications Inc. (Hrsg.): **Co-dependency - An Emerging Issue**, Hollywood (Florida), 1985: Verschiedene Autoren schrieben Beiträge zu diesem Buch, das vor allem Fragen zum Alkoholismus beantwortet. Die einzelnen Kapitel behandeln unter anderem: Sexualität und Alkoholismus; die Sucht nach dem Beisammensein mit dem Süchtigen; Persönlichkeitsstörungen; menschliche Nähe; Warnzeichen in der Familie, die auf Alkoholismus schließen lassen.

Cheryl Hetherington: **Co-Dependency - An Issue for Female Therapists**, Journal of the National Association for Women Deans, Administrators and Counselors, 51:1: Der Artikel definiert das Phänomen der Co-Abhängigkeit und befaßt sich mit der Frage, ob und wie Therapeutinnen in ihrer Arbeit zu Mustern der Co-Abhängigkeit tendieren. Die Autorin gibt dann praktische Ratschläge zu ihrer Überwindung, so daß die Therapeutin sich gesünder fühlt und mit ihren KlientInnen erfolgreicher arbeiten kann.

Elisabeth Kübler-Ross: **Death and Dying**, New York, Collier, 1969: Elisabeth Kübler-Ross, Ärztin, Psychiaterin und international anerkannte Thanatologin darf sich das Verdienst anrechnen, in unserer Kultur den Tod aus der Dunkelheit der Verdrängung geführt zu haben. Sie hat vielen tausend Menschen bei der Bewältigung ihres persönlichen Verlusts geholfen und uns gezeigt, daß der Prozeß der Trauer gesund und natürlich ist. Sie spendet Hoffnung für unser Verständnis der dem Menschen innewohnenden Stärken und Schwächen, die wir in schwierigen Zeiten gleichermaßen in uns erfahren.

Harriet Goldhor-Lerner: **Dance of Anger - a Woman's Guide to Changing the Patterns of Intimate Relationships**, New York, Harper & Row, 1985: Das Buch gibt viele nützliche Hinweise zum Verständnis und Abbau der in engen Beziehungen aufgestauten Wut. Es zeigt, wie diese Wut einerseits den Status quo aufrechterhält, andererseits aber auch positiv zu seiner Veränderung beitragen kann. Dr. Goldhor-Lerner ist Psychotherapeutin bei der Menninger Stiftung und sagt ihren LeserInnen, wie sie ihre Wut klug und vernünftig einsetzen können.

Harriet Goldhor-Lerner: **Dance of Intimacy - a Woman's Guide to Courageous Acts of Change in Key Relationships**, New York, Harper & Row, 1989: Lerners aufschlußreiche Untersuchung der Beziehungen, deren Nähe und intimer Charakter durch emotionale Distanziertheit, zu große Explosivität oder zu viel inneren Schmerz in Frage gestellt werden. Mit vielen Fallbeispielen aus ihrer Praxis veranschaulicht sie, wie Sie sich in diesen Schlüsselbeziehungen anders verhalten und freier bewegen können.

Ruth Maxwell: **The Booze Battle**, New York, Ballentine Books, 1980: Ein Buch für die Partner, Chefs, KollegInnen und FreundInnen von AlkoholikerInnen. Es zeigt ganz praktisch, wie man sich positiv der eigenen Bedürfnisse annimmt und sich aus der unbewußten Unterstützung des Suchtverhaltens und den co-abhängigen Verhaltensmustern herauslöst. Die Quintessenz: Auch Sie können Hilfe suchen, auch Sie können Ihr Leben in den Griff bekommen, auch Sie müssen nicht so anklagend und wütend sein, auch Sie können ein glücklicheres Leben führen.

Stanton Peele: **Love and Addiction**, New York, Signet, 1975: Eines der ersten Bücher über den Suchtcharakter von Beziehungen. Der Sozialpsychologe Stanton Peele beschreibt, wie die Menschen zueinander, zum Alkohol oder zu anderen Drogen finden, um auf diese Weise ihre inneren Bedürfnisse zu befriedigen. Er weist auf die seelischen, gesellschafts- und kulturbedingten Wurzeln der Suchtkrankheit hin. Anhand seiner klar formulierten Anhaltspunkte lassen sich die Möglichkeiten wechselseitig befruchtenden Wachstums in bestehenden Beziehungen überprüfen. Darüber hinaus leistet er verständnisvolle Hilfestellung der schrittweisen Stärkung der eigenen seelischen Mitte.

Lillian Rubin: **Intimate Strangers - Men and Women Together**, New York, Harper & Row, 1982: Ein Buch für Mann und Frau - für alle, die eine intime Beziehung zum anderen Geschlecht wünschen und sich fragen, warum eben die so flüchtig und schwer erreichbar erscheint. Lillian Rubin zeigt, wie geschlechtstypisches Verhalten in wichtige Bereiche der Liebe unter Erwachsenen hineinspielen und Intimität, Sexualität, Abhängigkeit, Arbeit und Kindererziehung prägen. Sie befaßt sich mit dem »Tanz, der zwischen Annäherung und Vermeiden schwankt« und definiert Abhängigkeit und das »sexuelle Dilemma«.

Virginia Satir: **Peoplemaking,** Palo Alto, Science and Behavior Books, 1972: Virginia Satir ist Pionierin und ausgewiesene Expertin auf dem Gebiet der Familientherapie. In ihrem fesselnden und aufschlußreichen Buch zeigt sie den Weg zur emotional fürsorglichen Elternschaft. Es kann jeder Durchschnittsfamilie weiterhelfen, vermittelt Anhaltspunkte für eine Neubewertung der Familienstruktur und praktische Hinweise für die Entwicklung eines positive Entwicklung fördernden Lebensstils im Rahmen der eigenen Familie. Peoplemaking ist ein Hand- und Praxisbuch mit vielen Übungsvorschlägen. Mit seiner Hilfe wird die Familie lernen, besser und offener zu kommunizieren.

Anne Wilson Schaef: **Co-dependency: Misunderstood - Mistreated,** Minneapolis, Harper & Row, 1986: Die Autorin definiert Co-Abhängigkeit als eine Form des »suchtfördernden Prozesses«. Der ist eine tieferliegende, gattungseigene Primär-Krankheit. Unsere Gesellschaft unterstützt diese Krankheit nach Kräften: durch allgemein akzeptierte Werte, Anschauungen und den eklatanten Mangel an spiritueller Bewußtheit. Anne Wilson-Schaef untersucht die Geschichte und Entwicklung der Vorstellung der Co-Abhängigkeit und entwirrt die vielfach verwirrenden und sich überschneidenden Definitionen des Phänomens.

Anne Wilson-Schaef: **Escape from Intimacy,** San Francisco, Harper & Row, 1989: Eine Untersuchung und Neubewertung der suchtähnlichen Abhängigkeit von Sex, romantischer Liebe und Liebesbeziehungen; bestimmt klar und eindeutig, wo Bindungen aufhören, gesund zu sein, und in Suchtverhalten abgleiten. Ein »Lebensretter«, wenn Sie um Befreiung aus abhängig machender »Liebe« kämpfen, sich aus Störungen des seelischen Gleichgewichts lösen möchten, die Ihre Beziehung und Ihre Karriere vernichten könnten.

Barbara Sher: **Wishcraft - How to Get What You Really Want**, New York, Ballentine Books, 1979: Entwirft wirksame Strategien zu einem neuen, veränderten Leben. Das menschliche und praktische Programm zeigt Ihnen, wie Sie Ihre verschwommenen Träume und Sehnsüchte so einsetzen können, daß sie Sie zu konkreten Veränderungen und Ergebnissen hinführen. Sie werden Ihre Stärken und Begabungen entdecken, lernen, Ihre negativen Gefühle in zweckdienliche Werkzeuge zu verwandeln, selbst den Weg zu Ihrem Ziel bestimmen und den Zeitpunkt festlegen, an dem Sie es erreichen wollen.

Bernie Siegel: **Peace, Love and Healing**, New York, Harper & Row, 1989: Im Mittelpunkt der Betrachtung steht die Fähigkeit zur Selbstheilung - uns vom Schöpfer mitgegeben, von der Medizin jedoch ignoriert. Trotzdem sind moderne Medizin und Selbstheilung durchaus miteinander vereinbar und können sich wechselseitig unterstützen. Eine Herausforderung, ganz gleich, ob wir gesund oder krank sind. Es möchte uns zeigen, wie unser Geist unseren Körper beeinflußt und wie wir uns diese Erkenntnis nutzbar machen können.

John Travis und Regina Sara Ryan: **Wellness Workbook**, Berkeley, Ten Speed Press, 1981 und 1988: Wegweisend für ein neues Verständnis von Eigenverantwortung und Gesundheit. Das Buch lädt dazu ein, die Pflege von Leben und Gesundheit in die eigenen Hände zu nehmen, und liefert die Werkzeuge zu Verständnis und Umsetzung eines neuen allgemeinen Wohlbefindens - und zu dauerhafter Gesundheit. Mit Hunderten von Übungen und Ideen und einem Fragebogen von 300 Fragen (dem »Wohlgefühls-Index«) möchte das Wellness Book Leserin und Leser von den Vorteilen aktiver und freudiger Beteiligung überzeugen: Gesundheit ist viel mehr als »Nicht-mehr-krank-Sein«.

Sharon Wegscheider: **Another Chance - Hope and Health for the Alcoholic Family**, Palo Alto, Science and Behavior Books, 1981: Ein nützlicher Ratgeber für soziale Berufe: für ÄrztInnen, TherapeutInnen, RechtsanwältInnen, Geistliche und andere, die beruflich mit den schwierigen Problemen von Alkoholikern und ihren Familien zu tun haben. Jedoch ist das Material sehr leserfreundlich aufbereitet, so daß auch der Laie den bewegenden Fallstudien die Botschaft der Hoffnung entnimmt. Millionen Menschen leiden unter der Alkoholabhängigkeit eines Mitglieds ihrer Familie. Das Buch kann Ihnen die Augen öffnen, neue Einsichten schenken und sagen, was Sie selbst zu der notwendigen Veränderung beitragen können.

Sharon Wegscheider-Cruse: **Coupleship - How to Build a Relationship**, Deerfield Beach, Health Communications Inc., 1985: Gar nicht so leicht, eine glückliche Zweierbeziehung aufzubauen, die beiden Partnern Freude macht. Aus diesem Buch können Sie eine Reihe nützlicher Ideen und Handlungsvorschläge aufgreifen, die Ihre bestehende Ehe oder Partnerbeziehung bereichern werden: Zu den eigenen Verpflichtungen stehen, aber wie? Zum Partner finden, aber wie? Sexualität, menschliche Nähe, »Romantik-Töter« und »Romanzen mit Herz und Kopf«, diese Themen und mehr werden einfühlsam besprochen. Lieben und sich lieben lassen ist keine »Technik«. Es ist ein lernbarer Prozeß, angereichert mit einem Schuß Zauber und Magie. Erforschen, erlernen und verstehen Sie ihn zu Ihrem eigenen Glück.

Janet Geringer-Woititz: **Adult Children of Alcoholics**, Pompano Beach, Health Communications Inc., 1983: Ursprünglich als Auseinandersetzung mit den Erfahrungen von Alkoholiker-Kindern gedacht und konzipiert, läßt sich das im Buch aufbereitete Material jedoch auch sehr gut auf andere Erscheinungsformen der funktionsgestörten Familie übertragen. Wahrscheinlich werden Sie sich in den Beschreibungen des Textes wiederentdecken, wenn ein bestimmtes

Zwangsverhalten (Glücksspiel, Drogenabhängigkeit, Eßsucht und so weiter) in Ihrer Familie dominierte oder Sie in einem Pflegeheim, einer Pflegefamilie oder einem anderen potentiell gestörten primären Bezugssystem aufwuchsen.

Janet Geringer-Woititz: **Struggle for Intimacy**, Pompano Beach, Health Communications Inc., 1985: Eine engagierte Sozialpsychologin und Therapeutin schreibt über die Schwierigkeit der Kinder aus Alkoholiker-Familien vor allem mit menschlicher Nähe und intimen Beziehungen. Sie beschreibt, was eine gesunde Beziehung ausmacht, und untersucht die besonderen Probleme von Alkoholiker-Kindern (Verlassenheitsängste, Selbstaufgabe, mangelndes Bonding, Wut, Schuldgefühle, Scham, chronische Depression und rigide Verhaltenskontrolle), eine gesunde Beziehung einzugehen und zu erhalten.

Über die Autorin

Cheryl Hetherington, Ph. D., ist promovierte und staatlich anerkannte Psychologin, Ausbildungsberaterin und Mitglied der psychologischen Fakultät der Universität von Iowa. Sie hat ausgiebig in wissenschaftlichen Fachzeitschriften publiziert und ist landesweit auf Fachkonferenzen als Referentin aufgetreten. Ihre Fachgebiete sind: Co-Abhängigkeit, Frauenfragen, der Prozeß von Trauer und Ablösung, Typologie und Vielfalt. Seit mehr als zehn Jahren ist sie aktiv auf dem Gebiet der Psychologie und Erziehung tätig.

Ferner gehört Dr. Hetherington zu den Gründungsmitgliedern von Hetherington & Associates, einer Gemeinschaftspraxis für Individual- und Ehetherapie und -beratung. Sie leitet überall in den Vereinigten Staaten Ausbildungskurse und lehrt an der Universität von Iowa.

Melissa Gayle West

Wenn ich nur eine bessere Mutter wäre...

Wenn Mütter sich schuldig fühlen und glauben, nicht gut genug oder nicht verfügbar genug zu sein. Ein Weg zu emotionalem Gleichgewicht und spirituellem Wachstum

Frauen, die Probleme mit dem Ideal der "guten Mutter" haben - und das sind 99 % aller Mütter -, werden dieses Buch begrüßen - weil es ihnen zeigt, wie sie ihren Ärger, ihre Frustration aus Überforderung und ihre fortwährenden Schuldgefühle und unproduktiven Selbstzweifel als Anlaß zu einem kreativen und spirituellen Umgang mit sich selbst verändern können. Ein wichtiges Buch, das die verborgenen Gefühle vieler Mütter in positivster Weise verändern wird. Melissa Gayle West ist Mutter und Familientherapeutin.

176 Seiten, DM 19,90
ISBN 3-89385-120-8

Cheryl Hetherington

Nie mehr abhängig sein

Erkennen und verändern: Beziehungsmuster, in denen man sich selbst verliert

Das Buch beschreibt mit kurzen Beispielen die Verhaltensmuster, die mehr als Indizien dafür sind, daß in Beziehungen zu viel Leid empfunden wird.
Co-Abhängigkeits-Muster werden diese Verhaltensweisen genannt, die sich vornehmlich als Reaktion auf einen oder mehrere Menschen beschreiben lassen. Wie kann man diese leidverursachenden Muster verlassen?
Das Buch bietet ein Lernprogramm, das hilft, bestimmte Dinge im Leben zu verändern - damit die eigenen Bedürfnisse angenommen und eigene Ziele entwickelt werden können: Für Co-Abhängige die wichtigste Aufgabe, die es in ihrem Leben zu lösen gibt.

144 Seiten, DM 19,80
ISBN 3-89385-120-8

Walter Lübeck

Das Aura-Heilbuch

**Die Aura lesen u. deuten lernen.
Energiefelder farbig sehen und
zur ganzheitlichen Heilung einsetzen**

Jeder Mensch hat eine Aura, eine
Art farbiges Energiefeld, das seinen
Körper umgibt und seinen augen-
blicklichen Gesamtzustand wider-
spiegelt. Gefühle, Schmerz, Liebe
oder Leid und gesundheitliche
Störungen verändern die Aura und
geben dem, der sie zu "lesen" ver-
steht, wichtige Aufschlüsse über
seine Mitmenschen und die Möglichkeiten der Heilung oder der
positiven Einwirkung.
Walter Lübecks Buch ist eine
Schritt-für-Schritt-Anleitung, die den
Leser über die Sensibilisierunng für
feinstoffliche Schwingungen zum
Aurasehen führt.

288 Seiten, DM 24,80
ISBN 3-89385-082-1

Walter Lübeck

Das
Pendel-Handbuch

**Alles, was man zum richtigen
Pendeln wissen muß
Mit vielen praktischen Tips**

Jeder, der das Pendeln von Grund
auf erlernen will, ist mit diesem
Buch gut beraten, denn es versucht
alle Fragen zu beantworten, die
normalerweise beim Pendeln auftreten - gibt ebenso Hilfe für Einsteiger
wie heiße Tips für Pendel-Profis.
Darüber hinaus enthält das Buch
einige der wichtigsten Pendeltafeln
aus den Bereichen Ernährung,
Aromen, Bachblüten, Edelsteine,
Chakren, Heilmittel u.v.m., sowie
Anleitungen zur Öffnung der
feinstofflichen Sinne, der Grundlage
der Pendelfähigkeit.

160 Seiten, DM 16,80
ISBN 3-89385-093-7

Gaby Rossbach

Visuelle Meditationen

Wege zum inneren Frieden
Kraftvolle Meditationen zur Tie-
fenentspannung, Atemharmonisie-
rung, Energetisierung, Heilung und
Harmonisierung von Aura und
Chakren - mit inneren Bildern

"Visuelle Meditationen" ist ein ganz
und gar praktisches Handbuch und
wertvoll für alle, die gern meditie-
ren. Bilder wie "Edelsteinhöhle",
"Wanderung durch die Lichtsphä-
ren", "Tempel im Himalaya" und
"Lichtatmung und Heilung" machen
das Entspannen, Genießen und
Davonschweben zu einem Körper,
Seele und Geist belebenden Ereignis. Diese visuellen Phantasiereisen
mit ihrer archetypischen Bilder- und
Symbolwelt wirken tief in die Psy-
che und Seele hinein und führen zu
den höchsten Stufen spiritueller Meditation, in einen Raum von über-
wältigender Stille und Klarheit.

144 Seiten, DM 19,80
ISBN 3-89385-108-9

Wilfried Teschler

Das Polarity-
Handbuch

Eine praktische Einführung in die
harmonisierende und heilende
Energie-"Massage"

Polarity stellt eine wirksame Methode dar, blockierte und fehlgeleitete
Energien wieder zum Fließen und in
Balance zu bringen. Durch die frei-
werdenden Energien verändert sich
auch die emotionale Wahrnehmung
und körperliche Empfindung.
Das alles geschieht durch Auflegen
der Hände. Die dazugehörigen Grif-
fe sind ausführlich beschrieben.
Hand und Herz werden eingesetzt,
um zu einer neuen Körperenergie-
balance zu leiten.
Polarity nutzt die polaren Kräfte, um
zu einer Ganzwerdung im Sinne
von Heil- und Gesundsein zu
finden. Mit vielen Illustrationen.

128 Seiten, DM 14,80
ISBN 3-89385-006-6

Ferry Lackner

Das Licht der Engel

**Ein "himmlisches" Einweihungs-
spiel und praktischer Leitfaden
für die Begegnung mit Engeln
und Schutzengeln**

Das Licht der Engel ist ein praktischer Leitfaden für die Begegnung
mit den Engeln. Die Engel-Karten
ermöglichen eine spielerisch leichte
Verbindung zu dem Schutzengel
einer gegebenen Situation. So
kann man sich über eine entspre-
chende Meditation mit Hilfe der
Affirmations-Karten göttliche Inspi-
ration und Eingebung erschließen.
Die Zuordnung der Engel zu den
verschiedenen Chakren und Licht-
strahlungen, ein genau strukturier-
tes Arbeitsprogramm, Anleitungen
zur Bildmeditation und zum persönlichen Lebensbaum usw. erleichtern die praktische Verwirklichung
der Engel-Energien im Alltag.

Set mit 78 Karten und
128seitigem Buch, DM 49,80
ISBN 3-89385-114-3

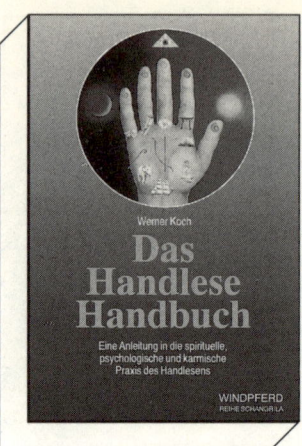

Werner Koch

Das Handlese
Handbuch

**Eine Anleitung in die spirituelle,
psychologische und karmische
Praxis des Handlesens**

Dieses hervorragend aufgebaute
Buch ist eine Anleitung für die spirituelle, psychologische und karmische Praxis des Handlesens. Werner Koch zeigt, wie wir mit viel
Respekt, Liebe und Verständnis die
Geheimnisse der Hand entschlüs-
seln können: Handlesen als ein
Prozeß der Selbsterfahrung.
Über Proportion, Form, Größe der
Hand, der Finger, der Linien - dar-
gestellt anhand vieler schöner und
anschaulicher Abbildungen - erfahren wir alles, was zu einer umfassenden ganzheitlichen Deutung
notwendig ist, erhalten Kenntnisse
zur Datierung von Ereignissen in
der Vergangenheit wie in der
Zukunft.

240 Seiten, DM 24,80
ISBN 3-89395-111-9

Michaela Prantner-Volek

Blütenessenzen für Körper, Seele und Geist

Bach-Essenzen, Flower-Essenzen, Master-Essenzen

Ein Handbuch der wichtigsten Essenzen und ihrer vielseitigen Anwendungsmöglichkeiten: Bach-Essenzen, Kalifornische Blütenessenzen und Master-Essenzen. Michaela Prantner-Volek beschreibt die Seelenzustände, die der Transformation bedürfen, mit großem Einfühlungsvermögen. Als Fotografin ist es ihr gelungen, die verschiedenen Gemütsverfassungen in stimmungsvollen Bildern umzusetzen. Das Buch enthält viele wertvolle Tips zur Auflösung seelischer Blockaden und Hinweise für die Kombination von Bach-, Blüten- und Master-Essenzen.

224 Seiten, DM 24,80
ISBN 3-89385-118-6

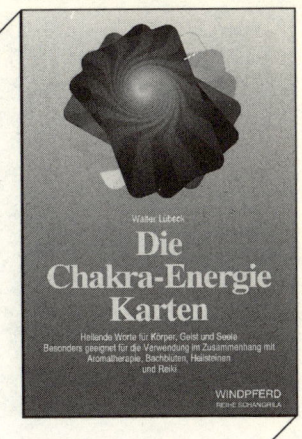

Walter Lübeck

Die Chakra-Energie-Karten

Heilende Worte für Körper, Geist und Seele. Besonders geeignet für die Verwendung im Zusammenhang mit Aromatherapie, Bachblüten, Heilsteinen und Reiki

Die Chakra-Energie-Karten sind heilende Worte für Körper, Geist und Seele. Das Set enthält 126 Karten mit Affirmationen und ein Anleitungsbuch. Zu jeder Affirmation ist mindestens ein Hinweis auf einen besonderen Heilstein, eine passende Duftessenz und eine Bachblüte gegeben. Die Verwendung der farbenvollen Karten im Zusammenhang mit Aroma- und Bachblütentherapie, Edelstein-Anwendungen und Reiki ist ausführlich beschrieben. Die Karten unterstützen jede Form von spiritueller Heilungsarbeit.

Set mit 156 Karten und
128seitigem Buch, DM 49,80

Marcia Starck

So heilt der Kosmos

Planeten und Tierkreiszeichen in ihrer Verbindung zu Farben, Klängen, Kristallen, Edelsteinen, Aromatherapie, Blüten und anderen Naturheilmitteln

Die Stellung der Gestirne zum Zeitpunkt der Geburt bestimmt unsere Energie, unsere Stärken, Schwächen und Krankheitsdispositionen. Zu jeder Zeit unseres Lebens haben wir aber die Möglichkeit, viele Dinge positiv zu verändern. Mit Hilfe dieses Buches können wir entdecken, wie wir unser körperliches, seelisches und geistiges »Fahrzeug« in einen harmonischen Zustand zu bringen. »So heilt der Kosmos« ist ein wertvoller Ratgeber für all jene, die sich über die derzeit wichtigsten Heilmethoden mit ihren Anwendungsmöglichkeiten informieren möchten.

288 Seiten, DM 24,80
ISBN 3-89385-074-4

Alexander Gosztonyi

Das Vaterunser

Die Entwicklung des Menschen im Lichte des Evangeliums

Ein neues Zeitalter mit neuen Perspektiven ist angebrochen. Gerade heute begeben sich viele Menschen auf die Suche nach dem eigentlichen Gehalt des Christentums, sind bereit, sich der Transzendenz seiner Botschaft zu öffnen. Das Buch von Alexander Gosztonyi vermittelt tiefe Einsichten in die wirkliche Bedeutung des Evangeliums, der Lehre des Jesus von Nazareth. Es bietet die Möglichkeit, durch tiefe Einsicht in verborgene Zusammenhänge sich ein neues, anderes Bild von Gott und der Welt zu schaffen, den Sinn, der in der Tiefe allen Geschehens liegt, wiederzuentdecken.

384 Seiten, DM 24,80
ISBN 3-89385-216-6